U0900142

国外住房数据报告

NO. 1

住房和城乡建设部住房改革与发展司
中国建筑设计研究院　编
亚太建设科技信息研究院

中国建筑工业出版社

图书在版编目(CIP)数据

国外住房数据报告 NO.1/住房和城乡建设部住房改革与发展司，中国建筑设计研究院，亚太建设科技信息研究院编．—北京：中国建筑工业出版社，2010.8
ISBN 978-7-112-12252-3

Ⅰ.①国… Ⅱ.①住…②中…③亚… Ⅲ.①住宅-房地产业-研究-报告-外国 Ⅳ.①F299.1

中国版本图书馆 CIP 数据核字(2010)第 134357 号

责任编辑：赵梦梅　封　毅
责任校对：刘　钰　王雪竹

国外住房数据报告

NO.1

住房和城乡建设部住房改革与发展司
中国建筑设计研究院　　编
亚太建设科技信息研究院

*

中国建筑工业出版社出版、发行(北京西郊百万庄)
各地新华书店、建筑书店经销
北京天成排版公司制版
北京云浩印刷有限责任公司印刷

*

开本：787×1092 毫米　1/16　印张：9¼　字数：228 千字
2010 年 9 月第一版　2010 年 9 月第一次印刷
定价：**25.00** 元
ISBN 978-7-112-12252-3
(19537)

版权所有　翻印必究
如有印装质量问题，可寄本社退换
(邮政编码　100037)

《国外住房数据报告》编委会

主　　编：冯　俊　张　军

执行主编：沈綵文　陈　永　李　宏　熊衍仁

参编人员：（按姓氏笔画）

马庆林　王　衍　王胜军　石荣珺　田　峰

祁国平　宋朝彝　张　强　陈干山　郑　丹

屈丹峰　姚成杰　章小军　梁慧文

前 言

住房是重要的民生和经济问题。城镇住房制度改革以来，我国城镇住房建设快速发展，居民居住条件明显改善，基本适应了全面建设小康社会的进程。进入新世纪，伴随着经济社会的不断发展，住房领域中的一些深层次矛盾和问题也逐渐暴露出来。对此，必须高度重视，强化研究，采取有效措施加以解决，在坚持市场化改革方向的同时，更加注重住房的居住属性，强化政府公共服务职能，着力构建符合我国国情的住房政策体系。

主要西方发达国家在住房建设发展方面早已走过了单纯的数量发展阶段，对住宅质量、功能和环境提出了更高的要求。与此同时，西方发达国家在构建完善的住房政策体系、解决中低收入家庭住房问题方面也积累了丰富的经验。全面、系统地掌握国外住房建设发展状况，分析其在解决住房问题方面的经验和教训，结合我国国情有选择地借鉴吸收，对于促进我国住房建设发展和住房政策完善大有裨益。

呈现在读者面前的这本册子，是 2009 年住房和城乡建设部住房改革与发展司委托中国建筑设计研究院、亚太建设科技信息研究院开展的“国外住房统计与发展”课题研究成果。本书由冯俊、张军策划和主编，沈綵文、陈永、李宏、熊衍仁担任执行主编，参与编写人员有(按姓氏笔画排列)马庆林、王衍、王胜军、石荣珺、田峰、祁国平、陈干山、张强、宋朝彝、郑丹、屈丹峰、姚成杰、章小军、梁慧文等同志。全书包括西方主要发达国家现有住房状况、住房建设标准、住房改造与维护管理、公共住房、住房市场、住房金融、住房政策等方面的资料和数据。希望对于全面了解掌握国外住房建设发展情况、推动我国住房政策研究有所帮助。由于搜集国外第一手资料比较困难，且限于水平，书中错误在所难免，恳请读者给予批评指正。

本书是数据报告的第一本，今后将陆续修编和补充。

编 者

2010 年 7 月 28 日

目 录

1　国外住房统计与发展综述

住房是重要的民生问题，也是重要的社会经济问题。各国对此都十分重视。经济发达国家在住房建设与发展方面基本上都经历了三个阶段：①二次大战后，各国住房普遍不足，有的国家出现房荒，遂掀起住房建设高潮，解决住房有无问题，即注重数量阶段；②随着房荒的缓和，居住水平向一户一套靠拢，在保证数量的前提下开始重视质量，即进入数量和质量并重阶段；③房荒已基本解决，住房由一户一套向一人一间靠拢，新建住房下降，旧房改造任务加大，对质量、功能和环境提出了更高的要求，即进入重视质量和环境的阶段。目前，经济发达国家正处在第三个发展阶段。他们在解决住房问题上走在了我们的前面，积累了许多宝贵的经验。现依据所收集的住房统计与发展资料，从十个方面扼要阐述国外住房状况和相关经验。

1.1　经济发展与住房投资

经济发展是住房建设的基础。从国外统计数据看，经济发达国家人均 GDP 达 3000 美元时，住房紧缺状况缓解，大体达到全国存量住房套数与家庭户数持平；经过若干年(3～4 年)后人均 GDP 达到 5000 美元，住房状况进一步改善，一般达到一人一室水平；经济发达国家在 70 年代中后期，住房建设全面步入提高质量和改善人居环境的阶段。以日本为例，大致在 1968 年全国住房套数与家庭户数持平，但存在地区差距，直到 1973 年各县的住房套数才开始超过家庭数，到 1975～1976 年大致达到一人一室水平。其他经济发达国家的情况也大体相似。

据联合国对世界 70 多个国家的调查，各国住房建设投资占国内生产总值(GDP)的比例在 3%～8%。日本在第二次世界大战后，随着经济的恢复和发展，住房建设投资不断增长。20 世纪 50 年代平均约为 4%，60 年代平均约为 6%，70 年代超过 7%，1973 年最高达到 8.7%，以后随着住房问题的缓和而逐渐有所下降。2000 年为 4.2%，2007 年为 3.5%。法国住房投资占国内生产总值比例的走向与日本近似，上世纪 70 年代大体在 6%～7%之间，80 年代大体在 5%～6%之间，1992 年为 4.9%。美国和英国，上世纪 70 年代以后住房投资比例比较稳定，在3%～5%之间波动，并略有下降趋势。韩国住房投资占国民生产总值(GNP)的比例，60年代较低，在1.3%～2.7%之间，70年代上升到6%，1978年最高达到6.8%，以后保持在4%～5%之间。

住房建设投资在固定资产形成总额中所占比例也是国外统计的一项指标。该指标一般在20%～30%之间。德国1984年曾达到31.7%，英国1979年最低为16.5%。韩国80年代下半期大体在16%左右，日本上世纪80年代后至今，一般在15%～21%之间，2007年较低，为14.4%。(2.4节表)

住宅产业是一个对其他产业影响较大的产业。据日本2007年国民经济投入产出表计算，住房建设投资为17.1万亿日元，该投资所诱发的各产业(包括住宅建筑业本身)国内产值之和为33万亿日元，生产诱发系数为1.93，约与整个建筑业持平，在国民经济中该系数值也算是较高的。(2.10节表)

1.2 住房建设量与居住水平

从住房建设量看，除英国、意大利外，多数国家都曾出现过一段建设高潮期，每1000居民住房建设量在10套以上。目前，在质量提高阶段，住房建设量除西班牙、爱尔兰较高和日本稍高外，一般在2～6套之间。日本在1972年曾达到最高值17.6套之后逐步下降，到2000年为9.7套，2006年为10.1套。美国五十年代平均为10套，1950年曾达到12.82套，近十年来一般在4～6套之间，2000年为5.5套，2006年为5.9套。原联邦德国1960～1974年的十五年间每1000居民住房建设量平均10套，1991年为3.93套，2002年为3.6套，2007年为2.4套(德国)。法国1970～1975年六年间平均近10套，最高达到10.9套，1991年为5.4套，2000年为6.37套，2007年为6.7套。

从居住水平看，经济发达国家存量住房套数与家庭数量之比都超过了1，也就是说住房套数超过家庭数。在上世纪末，法国为1.21，日本为1.13，美国为1.11，英国为1.03，德国为1.00。

人均住房面积：经济发达国家人均住房建筑面积大致在35～60m^2之间，日本为37.4m^2(2008)，美国为59m^2(2005)，英国为44m^2(2001)，德国为47m^2(2006)，法国为44m^2(2006)。

1.3 住房建设标准

从国外资料看，住房建设标准主要有面积标准、功能标准和居住环境标准。

1.3.1 面积标准

一些经济发达国家经历了从不断扩大住房面积到逐步回落至更加合理区间的发展过程。20 世纪 70 年代下半期到 80 年代初，随着经济的发展和居民消费水平的提高，一些国家新建住房平均建筑面积不断上扬。但 80 年代前半期以后，随着世界范围内对可持续发展理念的普遍认同以及住房消费理念的更加理性化，各国的住房平均建筑面积渐渐回落，并回归到一个更加适当的区间，即 100m^2 左右。(5.2 节图)

美国新建住房绝大多数都是民间住宅，面积历来较大，但近二十年来也基本保持在 160～190m^2 之间。瑞典在 20 世纪 70 年代末新建住房的平均建筑面积曾上升到 115m^2，但到 2002 年便回落到 99.7m^2。德国在 20 世纪 70 年代末新建住房的平均建筑面积曾达到 103m^2，但到 2002 年回落到 85.1m^2。日本于 20 世纪 80 年代初和 90 年代末出现了两个高峰，1999 年达到 97.5m^2，但到 2005 年又回落到 85.4m^2。(5.5 节表)

以上数据说明，各国并不是在一味追求面积的增大，而是在一定的适当面积下，寻求更好的功能和更高的舒适度。

一些经济实力有限，住房短缺的国家，新建住房面积较小，目前逐年有所提高，但都不超过 90m^2，如波兰、罗马尼亚等东欧国家一般在 50～80m^2 之间。(5.1 节表)

就一个国家来说，自有住房、出租住房和出售住房(一般商品房)在面积上也是有区别的，一般来说自有住房面积最大。以日本为例，2005 年新建住房每套平均面积为 85.4m^2，而自有住房为 133.8m^2，出租住房 46.7m^2，单位出租住房 67.4m^2，出售住房 93.8m^2。(5.5 节表)

1.3.2 功能标准

20 世纪 70、80 年代后，经济发达国家从节约能源和可持续发展角度出发对住房功能不断提出新的要求。以日本为例，住宅都市整备公团所设计的住房每隔几年就提高一次性能标准。1973 年提出对防水、隔热、隔声、换气、耐久性、安全性等要求，1981 年增加了对内外装修和材料性能的要求，1993 年又增加了对节能、维修性等方面的要求。日本居住生活基本计划(2006～2015 年)规定：住房功能标准包括抗震性、防火性、防盗性、耐久性、维修管理的方便性、保温性、室内空气环境、采光、隔声、高龄人的方便性等多方面的要求。

1.3.3 居住环境标准

日本居住生活基本计划提出了四个方面的居住环境要求：①安全性(地震、

火灾和自然灾害的安全性，日常生活的安全性，防止环境障碍)；②美观(绿化、街景等)；③可持续性(周边的可持续性，环境负荷)；④日常生活的方便性(高龄人、抚养儿童家庭的方便性、无障碍设施等)。

1.4 住房维修管理与改造

1.4.1 住房维修和管理

当前，经济发达国家住房短缺矛盾基本解决，步入提高功能和质量阶段，住房维修管理受到重视。住房维修和管理是要保持住房的良好功能，并随时间的推移不断增添新的功能，创造更为舒适的居住环境。根据日本的相关规定，要进行维修(包括定期维修、日常维修、计划修缮和灾后修缮)和功能改善。(6.1 节图)

特别值得注意的是计划修缮。日本《分售集合住宅的长期修缮计划及计划性修缮指南》中明确规定了建筑、电气、给排水及其他设备的计划修缮周期，并坚持实施，以期通过计划修缮，保障住房的各项功能，延长其使用寿命。(6.2 节图)

1.4.2 住房改造

许多国家在 20 世纪 70 年代及以前建成的住房一般占全国住房存量的一半以上。出于满足居民对提高住房功能、节约资源和保护环境的要求出发，各国都十分重视对现有存量住房的改造。以德国为例，到 80 年代中期原联邦德国新建住房量逐步降低，旧住房改造工程量不断提高，到 1987 年旧住房改造工程量第一次超过新建住房工程量(新建工程量占 47%，现代化改造工程量占 53%)。目前，日本认为住房供给应当“从新建向充分利用存量住房转换”，加强旧住房的维护与改造。

1.5 住宅产业化

国外住宅产业化的发展比较明显地表现在以下几个方面。

1.5.1 工业化建筑结构体系不断完善

二战后，在住房短缺阶段，以法国为代表，以结构、施工为特征的专用建筑结构体系得到迅速发展。从 20 世纪 50～70 年代开始，法国走过了一条以装配式大板和工具式模板机械化现浇工艺为标志的产业化道路。第一代工业化以后，住房矛盾有所缓和，工程规模缩小、工程分散，构件厂开工率不足，再加上工业化住宅暴露出的千篇一律的缺点，迫使法国采取以发展通用构配件为特征的第二代工业化。

目前，在这方面，各国尚未总结出较完善的经验，主体结构构件的通用化还有待解决许多复杂的技术问题。

1.5.2 住宅部件化水平不断提高

比较突出的是日本，从20世纪60年代开始将发展“部件化”作为提高住宅产业化水平的一个重要组成部分，有意识地加以扶植和发展，从而显著地提高了住宅产业化水平。日本发展部件化走过了KJ部件——BL部件——部件集成化——部件多功能化和智能化等几个阶段(7.1节表)，取得了几个方面的效果：使用优质部件为住房的质量和功能提供了最基本的保证；改善了现场的劳动条件；有助于解决住房标准化与多样化的矛盾；通过适时更换部件可延长住房的使用寿命。

1.5.3 作为物质支撑的建材产品发展较快

国外建材工业的发展明显呈现出以下特点：降低能耗、节约资源；有利于环境保护；提高产品功能、质量；实现生产过程的自动化和智能化。在技术层面，建材发展的趋势表现为多品种、轻质、高强、复合、利废、低能耗、无污染等方面。仅以欧洲的空心砖为例，在品种方面有水平孔空心砖、竖孔空心砖、轻质微孔空心砖、隔墙砖、楼板砖等数百品种；孔洞率达到25%～30%(竖孔承重空心砖)和40%～60%(水平非承重空心砖)；强度高达30～60MPa(承重空心砖)，而且在空心砖保温性能方面取得了新的突破。其他建材产品(墙材、板材等)在质量和功能方面也都不断改善，为住宅产业发展奠定了良好的物质基础。

1.5.4 住宅产业更加适应可持续发展要求

当前，住宅产业化的发展与可持续发展要求密切结合，有利于保护地球环境和节约与合理利用各类资源的技术得到开发和利用，使住宅产业更加满足各国经济与社会发展的要求。

1.6 住房的可持续发展

1.6.1 延长住房的使用寿命

延长住房的使用寿命是节约资源、能源，减少废弃物排放不可忽视的重要环节。日本经调查认为，日本被拆除住房的平均房龄仅为30年，美国为55年，英国为77年，他们自认为本国住房是“短命”的，应当采取措施切实延长住房的使用寿命。日本2007年的“200年住宅构想”① 提出要形成超长期可持续循环利用的高品质住房资产，提出了五项具体要求，即：

(1) 把结构(Skeleton)与室内装修和设备(infill)分离，在确保结构的耐久性和抗震性的同时，提高室内装修和设备的可变性；

(2) 确保易于进行维护管理；

(3) 具有能够沿用到下100年(一世代)的品质(节能性能、无障碍性能等)；

(4) 实行计划性的维护管理(检查、修理、更换等)；

(5) 考虑与周边街区的协调性。

1.6.2 开发可持续发展住房技术

从国外资料看，各国在可持续发展住房中主要采取了以下技术：

(1) 天然能源利用技术；

(2) 高气密性、高隔热性技术，墙体蓄热技术；

(3) 水循环、再生利用技术、雨水利用技术；

(4) 废弃物处理及再生利用技术；

(5) 节能设备与热电联产系统；

(6) 建筑材料无害化技术；

(7) 住房绿化技术。

1.6.3 住房的可持续性评价

近十几年来，各国以“可持续发展”为主要目标，提出了本国的可持续建筑评价标准，对建筑整体的环境表现进行综合评价，如英国的BREEAM，美国的LEED，日本的CASBEE，加拿大的GBTOOL等。这些评价方法的共同点是集中地反映了以下三个方面的基本评价内容：

(1) 资源、能源的节约、合理利用和循环利用，减少污染物(气体、固体、液体)排放，降低对室内、外部环境的负荷；

(2) 健康舒适的室内环境，如适宜的温度、湿度、光环境、声环境、振动、防辐射、无害的空气环境等等；

(3) 保护和营造外部生态环境和人文环境，如保护原有的地形地貌、地表土壤、树木、水面，营造良好的景观，合理的地表水管理，考虑当地原有文化的继

① “200年”系表示“超长期”的象征性概念，并非指具体的耐用年限。

承，营造居民与当地社区的交流空间等。

1.7 公共住房政策与供应

纵观各国公共住房政策与供应，不难看到以下特点：

1.7.1 重视相关立法

美国政府为解决低收入居民和贫民窟问题，先后颁布了多个“住宅法”、“住宅与城市发展法”，对扩大房屋抵押贷款保险，提供廉租公共住房，提供低息贷款建房，提供房租补贴，帮助低收入家庭获得住房所有权，禁止住房方面的种族与宗教歧视等作出了相应规定。日本面对二战后严重的住房短缺，先后颁布了《住宅金融公库法》、《公营住宅法》、《住宅公团法》、《住宅计划法》，以法律为依据建立了相关机构，有力地保障和推动了本国公共住房建设的迅速发展。

1.7.2 政府实施干预

政府实施干预，并逐步由直接干预方式向间接干预方式转变。世界各国包括发达的市场经济国家都通过建立政府干预机制，解决低收入居民的住房问题。认为，通过政府的积极干预，解决低收入居民家庭的住房问题，既是维护社会安定的重要手段，也是社会收入再分配的重要方式。英国政府于 1914 年就开始对住房领域实行干预，1914～1939 年主要采取了住房房租管制和政府投资建设公共住房政策；二战后至 20 世纪 70 年代，继续采取政府投资建设公共住房和住房补贴政策；70 年代末以后，为减轻政府负担，采取提高住房私有化政策。美国政府于 1929 年开始实行政策干预，实施政府投资建设公共住房，以后又实行发展商建房补贴计划和租金优惠措施。日本公营住房体系在解决低收入家庭住房问题上发挥了重要作用，其核心是以公营住宅法为基础，合理界定受益对象的收入标准，制定多档次房租水平，国家对公营住宅保持相对稳定的资金投入。新加坡实施了独特有效的公共住房政策，即由政府投资建造住房并低价出售给居民的福利政策，其两大支柱是公积金制度和“居者有其屋”计划。此外，政府对住房市场的干预方式，由直接向间接转变也是一个共同特点。各国在住房问题上的政府干预，按照干预程度的不同，大致可分为两个阶段：①在极度的“房荒”和人们收入水平普遍低下，以及经济大萧条的市场失灵时期。在这个阶段，政府采用了一系列手段，直接参与和控制了住房建设、分配的所有过程。政府一般是实施对供求双方直接给予扶持的政策，如建房补贴，房租补贴，购房贴息、奖励等财政和金融政策。在最困难时期，甚至不惜使用极端的手段，如直接投资建房、控制租金等；②在住房供求趋于平衡，人们收入大幅提高时期，政府逐步从住房领域中退出，取消租金控制，补贴也逐步从广泛地对建房的补贴转为部分地对住户的补贴，并主要集中在对低收入群体的援助方面。

1.7.3 采取各种金融手段

金融手段是发展住宅产业和解决住房问题必不可少的环节。由于历史发展以及社会、经济等原因，各国住房金融体系各有特色。美、英、德等国早在18～19世纪就出现了民间的专业住房金融机构，并不断得到发展，因而形成以民间金融机构为主的住房金融体系。美国储蓄贷款合作社、商业银行、抵押贷款公司等是主要的民间住房金融机构，其住房贷款额占住房贷款总额的95%(1996年)。英国的住房金融合作社是18世纪后半期在居民互助合作的基础上成立的，其贷款额一直占较大的比重，1996年贷款额占各金融机构住房贷款总额的56%。德国储蓄银行和商业银行占较大比重，1996年占住房贷款总额的51.6%。日本则是以公营的住房金融机构为主。日本住宅金融公库，是专业的住房金融机构，其资本全部由政府负担，业务经营所需资金预算要报国会通过，1995年其住房贷款额约占住房贷款总额的1/3。

1.7.4 及时调整住房供应对策和标准

随着经济发展、居民收入水平提高和住房供需矛盾的变化，对公共住房供应对象、标准及时进行调整。以日本为例，从提供公营住房对家庭收入标准的变化表(9.10节表)可以看出，入住公营住房的4人家庭月收入标准，是不断变化的，1951年规定为20000日元，1952年为25000日元，1954年为32000日元，1962年为36000日元，到1986年已提高到162000日元。同时从1969年开始还规定了迁出标准，该标准也不断地进行调整。新加坡公共住房供应的条件包括家庭与单身的租房、购房条件，租、购房的人口与户型关系，租、购房的年龄等都有明确的规定并不断根据情况进行调整。(9.11节表)

1.7.5 住房合作社建房也是国外一种值得重视的住房建造模式

在国外，住房合作社已有200多年的发展历史。1775年英国伯明翰建立了世界第一家互助性建筑社团，标志着合作建房组织的诞生。在它的影响下，法国、德国分别于1860年和1862年出现了住房合作社，以后住房合作社逐步推广到世界40多个国家，对解决广大中低收入居民住房问题起到了积极的作用。

1.8 住房的可支付能力

科学地判断住房的支付能力是解决好住房保障问题的重要因素之一。目前世界上最常用的指标是住房价格收入比。据世界银行对一些国家考察后得出的结论，一套住房的价格应保持在一般居民家庭年收入的3～6倍水平，高于6倍，则居民难以承受。据日本资料，该房价收入比美国为4.04(2007)，英国为4.18(2007)，德国为3.48(2006)，日本为4.95(2008)。除房价收入比外，日本还十分重视家庭消费支出的调查。他们认为，目前日本家庭还贷的负担还是十分沉重的，2008年达到职工家庭可支配收入的20.5%。(10.11节表)

国际普查机构Demographia将住房支付能力(总房价中间值/家庭税前年总收入中间值)分为四类：房价为收入的3倍及以下为“可负担”，4倍或以下为“中度不可负担”，5倍或以下为“较严重不可负担”，超过5倍为“严重不可负担”，并对一些国家的城市进行了五次调查。调查表明，2009年澳大利亚(27个城市)的房价收入比为6.0，加拿大(34个城市)为3.5，爱尔兰(5个城市)为5.4，新西兰(8个城市)为5.7，英国(27个城市)为5.2，美国(175个城市)为3.2。2007年的调查表明，最不具有住房支付能力的城市有26个，房价收入比最高的洛杉矶为11.4。

美国不动产商会(National Association of Realtors，NAR)推出住房可支付性指数(Housing Affordability Index，HAI)：计算出一个处于中间水平的家庭收入能否支付一个中间价位住房的按揭贷款。在计算该指数时，先计算中间价位住房按揭贷款的申请资格收入(Qualifying Income)，按揭条件是指住房总价在当地处于中间价位，20%首付，30年按揭期限，等额还款。NAR规定，住房按揭货款申请资格年收入是年付的4倍以上，或者说月付不得超过月收入的25%，此时才有资格申请按揭货款，才被认为是有支付能力的。住房支付能力指数就是当地中间值水平的家庭收入与中间价位住房按揭申请资格收入水平之比。指数为100说明，处于中间值水平家庭收入相当于按揭申请资格收入水平。指数越高，支付能力越强。

美国住房建造者协会(National Association of Home Builders，NAHB)推出住房机会指数(Housing Opportunity Index，HOI)：该指数是指当地出售的住房有多少比例是中间收入水平家庭所能支付得起的。美国住房建造者协会按照10%首付和30年期限的贷款标准来计算按揭月付，然后计算每月住房支出，不仅包括按揭月付也包括不动产税和住房保险。美国住房建造者协会认为，只有每月住房支付低于月家庭总收入的28%，才是有支付能力的。从表10.6可见，美国西部居民的住房机会明显低于其他地区，该指数长期徘徊在30左右，中西部住房机会最高，基本都在50以上，全国平均在40左右波动。

1.9 住房金融

住房金融就是要通过资金筹集和运用，为住房生产和居民家庭住房消费提供长期、稳定、充足的资金。一些经济发达国家都分别依据各自的情况建立了适合本国条件的住房金融制度。为了对各国金融制度进行比较，现从金融机构设置、融资模式两个方面进行归纳和分析。

1.9.1 住房金融机构

(1) 以商业银行为主的金融机构。这种金融机构是与商业性住房抵押贷款制度相对应的，以美国最为典型。在美国的房地产金融体系中，私人和民间机构占主体地位，而多种政府机构也发挥了重要的调节和扶持作用。商业银行与储蓄信贷协会、互助储蓄银行、抵押联营机构等多种私人金融机构形成了发放抵押信贷的主体。美国是目前世界上商业银行开展住房金融业务最发达的国家。据统计，美国大约有1500家商业银行机构，这些银行机构大多是通过抵押的方式发放住房贷款，并且这种贷款在各家商业银行的抵押贷款业务中都占有相当的份额。从美国各金融机构在住房抵押贷款业务的份额来看，商业银行的市场占有率呈上升的趋势，而政府通过其所属或资助的机构如联邦国民抵押协会、政府国民抵押协会、联邦住房抵押贷款公司等直接参与和调控抵押信贷二级市场的运行。此外，联邦住房管理局和退伍军人管理局等政府机构通过对抵押信贷提供担保也发挥了积极的作用。

(2) 互助合作专业住房金融机构。这种金融机构是互助储蓄式的房地产金融制度下的一种组织形式。以较典型的德国为例，德国的住房金融体系是以中央银行为核心，国营、私营、合作银行并存的多渠道融资体系。参与住房金融业务的有住房储蓄机构(住房储蓄银行)、抵押银行、商业银行、保险公司等，其中主要的有住房储蓄银行、抵押银行和建房互助储金信贷社，它们占全国房地产金融业务的60%以上。建房互助储蓄信贷社在政府奖励基金的帮助下，依靠契约储蓄，融通了大量的资金，并在住宅产业的发展中发挥了相当重要的作用。

(3) 政府公营的专业政策性住房金融机构。这种房地产金融机构是强制性储蓄的房地产金融制度下的一种典型机构，以新加坡最为典型。中央公积金局是新加坡最主要的房地产融资机构。新加坡居民购房资金主要来自中央公积金，其次是邮政储蓄银行，它负责两项业务：一是面向中上层收入者发放贷款购买高级住房，另一项是对公务员和法定机构雇员发放住房贷款。开展住房金融业务的除建屋发展局、中央公积金局、邮政储蓄银行外，还有其他商业银行、财务公司、开发银行、契约基金等机构。

(4) 混合型住房融资机构。这种类型融资的特点是民间与官方相互结合，民间金融机构在住房信贷方面非常活跃，而官方金融机构起着重要作用。以日本最为典型。日本在战后初期，由于住房资金不足，政府采取了特殊措施，建立住宅金融公库(特殊法人)，长期以来，其贷款额占住房贷款总余额的1/3，同时，私人金融机构运用金融手段广泛融资，从而开拓了介于欧美型和基金信贷型之间的混合型融资方式，有力地促进了日本住房产业的发展。

1.9.2 主要融资模式

(1) 抵押贷款模式。抵押贷款模式的典型代表是美国，在其政府的引导下已形成了一个比较完善的住房抵押市场和住房金融体系，即形成了一个由一级市场(发放抵押贷款市场)和二级市场(抵押贷款证券化市场)相互衔接的两级市场体系。美国的大规模的住房抵押贷款基本上由各种私人金融机构自发、自主经营的。美国除了大规模的一级市场之外，另外一个最显著的特点就是，它打开了一级市场和二级市场的通道，并拥有一个高度发达的二级市场。

(2) 合同储蓄模式。德国是合同储蓄模式的典型代表。是由参与者与专门的机构签订存贷契约，在银行存款达到一定的时期和数额后，储户就可以从储蓄银行得到优惠贷款。通常，需要购房的居民与储蓄银行签订契约以后，按合同每月存入储蓄合同额的50%后，住房银行就把合同额贷给储户，贷款按月以固定金额偿还。德国政府还设立了许多种奖励政策和多种税收减免或优惠政策。

(3) 公积金模式。新加坡最为典型，他们成功利用公积金制度实现了“居者有其屋”的目标。

(4) 混合融资模式。日本的住房金融按资金来源可分为官方融资和民间贷款两大类。其中官方融资即由中央政府、地方政府以及自治团体所提供的住房投融资，在整个住房金融体系中发挥着巨大的作用。日本的民间金融机构在住房信贷方面也非常话跃，提供众多的符合市场要求的产品。这样民间和官方相互结合，较好地满足了日本住宅产业(包括公共住房)的资金需求，极大地促进了日本住房产业的发展和住房政策目标的实现。

1.10 住房市场

1.10.1 既有住房的市场流通

既有住房的市场流通也是住房市场的重要组成部分。从市场流通中既有住房所占的比例来看，日本为 13.1%，美国为 77.6%，英国为 88.8%，法国为 66.4%。在美国，既有住房是投资项目之一，投资者将住房购入，然后对其进行改装翻新，并再次投入市场。日本认为，在日本还未形成成熟的既有住房市场，现行的住房市场相关政策对收购和改造既有住房的投资行为不具有鼓励作用，大部分既有住房被拆除重建，使日本的新建住房套数居高不下。日本认为，欧美国家参与流通的既有住房量普遍比较多，主要原因是：①具有活跃的既有住房市场；②具有对既有住房性能质量的明确评价标准；③拥有这方面经验丰富的专业人才，形成评价提升，资产价值也随之上升的市场机制。

1.10.2 征收房地产保有税

世界上大多数成熟的市场经济国家都对房地产征收保有税，并以财产的持有作为课税前提，以财产的价值为计税依据。依国际惯例，该税种多属地方税，是国家财政收入的来源之一，也是实施住房资源公平配置的一项措施。各国房地产保有税的名称不尽相同，有的称“不动产税”，有的称“财产税”，等等。我国香港称“物业税”。

1.10.3 市场调控与管理

住房是民生保障的主要问题，世界各国为了保障人们的住房需求，建立稳定的住房市场，都采取了相应的措施，并且取得了一定的效果。各国为稳定住房市场所采取的措施可分为两大类：

(1) 加大住房供应，改善供应结构。近年来，俄罗斯增加经济型住房建设，对遏制房价过快上涨发挥了重要作用。新加坡 80%左右的人居住在政府组屋，既改善住房供应结构，又解决了大部分国民的住房问题。日本也很重视调节住房供应结构，并将增加中小户型普通商品房供应作为平抑房价的一项措施。韩国加快公寓住房建设，较好地满足中低收入者的住房需求，又由于公寓住房价格受到政府的适度调控，也有利于降低平均房价。美、英、德、法等国也都曾采取过类似的措施。

(2) 抑制投资和投机的措施。美国通过利率对住房市场进行了有效的调节。在经济遭受周期性衰退和“9.11”事件后，美联储从 2001 年初开始 13 次降息，并一度将利率维持在 1%长达一年。在美联储多次降息后，住房抵押贷款利率降到 30 多年来的最低水平，极大地刺激了人们的购房热情，截至 2005 年底，美国住房销售量连续五年创下历史最高。随后，为了控制通货膨胀和防止住房市场泡沫化，美联储又曾连续两年 17 次提息，导致从 2005 年底开始出现调整，住房市场明显降温。

韩国采取紧缩按揭措施。例如，为抑制房价，2006年的“11.15对策”规定金融机构提供住房贷款的额度不能超过房屋实际市场价格的40%。2006年一年之内央行三次提息。2006年11月23日韩国央行将一年期以下存款储备金率从5%提高到7%，同时将长期存款准备金率从1%下调至0。为抑制房产投机，韩国政府2006年4月将转让第二套以上住房的收益所得税再次提高到50%，以打压炒房投机的收益。对拥有3套以上住房的居民户转让房地产课以60%的高转让税；对那些在全国拥有公寓累计价值在9亿韩元以上的个人，将征收1%～4%的房屋拥有税、财产税、综合地产税(后因形势的变化，将纳税的标准下降到6亿韩元，最后降为3亿韩元)；对多套住房拥有者进行税务调查，对因房地产投机得来的利润课以重税。2007年的“1.11对策”还在全国范围对房价实行最高限价。

参考文献

[1] 国外住宅统计与发展分析　中国建筑技术研究院信息所　1998年6月

[2] 国际建筑业发展与统计　中国建筑技术发展中心　1989年

[3] Building Prosperity Housing and Economic Development UN-Habitat 2009

[4] 日本住宅经济数据集　2009

[5] 几个主要国家住宅建设规模标准与技术途径的初步探讨　中国建筑科学研究院建筑情报研究所　1980

[6] 亚太建设科技信息研究院　建设部住宅产业化促进中心　国内外住宅建设及我国住宅产业化发展对策研究　2005年6月

[7] 王晖　主要发达国家住房保障制度及其实施对我国的启示　世界经济与政治论坛　2006 No.4

[8] 张菁等　房地产金融制度国际比较与借鉴　上海管理科学　2005 No.2

[9] 洪慧娟等　论中国住房金融发展——基于国外住房金融模式比较　江西金融职工大学学报　2006年12月

[10] 国外住房金融研究汇编　住房和城乡建设部住房保障司　住房公积金监管司　中国城市出版社　2009

[11] 吴东航　小见康夫等　日本住宅建设与产业化　中国建筑工业出版社　2009

[12] 陈杰　城市居民住房解决方案——理论与国际经验　上海财经大学出版社　2009

2 经济发展与住房投资

2.1 美法德日韩五国人均 GDP3000、5000、10000 美元的发展进程和 2007 年人均 GDP

国别	人均 GDP 3000 美元开始年	人均 GDP5000 美元		人均 GDP10000 美元		2007 年人均 GDP(美元)
		开始年	时间进程(年)	开始年	时间进程(年)	
美国	1960	1971	11	1978	7	45898
法国	1970	1974	4	1979	5	41489
德国	1970	1973	3	1978	5	40380
日本	1972/1973	1976	3	1980	4	34310
韩国	1987	1990	3	1996	6	19750

注：时间进程是根据年份计算的。美元未经统一换算。

2007 年人均 GDP 值系根据中国统计年鉴(2008、2009)数据计算得出

资料来源：国外经济统计资料(1949～1976)中国财政经济出版社　1979，1997

国际统计年鉴　1995、1998

2.2 美法德日韩五国人均 GDP3000、10000 美元时的城市化率

国别	人均 GDP3000 美元		人均 GDP10000 美元	
	年代	城市化率(%)	年代	城市化率(%)
美国	1960	69.8	1978	73.7(1980)
法国	1970	70.0	1979	73.3(1980)
德国	1970	80.0	1978	82.6(1980)
日本	1973	72.1(1970)	1980	76.2
韩国	1987	69.0	1996	82.3

资料来源：国外经济统计资料(1949～1976)中国财政经济出版社　1979，1997

国际统计年鉴　1995、1998

2.3 美英德法日五国生活水平比较

项　目	日本	美国	英国	德国	法国
人口(2008年，百万人)	127.7	308.8	64.0	82.5	61.9
人均国内生产总值(2007年，美元)	34326	45047	45549	40162	40090
平均寿命·男(2006年，岁)	79	75	77	77	77
平均寿命·女(2006年，岁)	86	80	81	82	84
制造业劳动时间(2007年，时间/周)	43.3	41.2	40.9	38.4	36.5
营养摄取量［2003年，kcal/(人·日)］	2768	3754	3450	3484	3623
能源消费量(2005年，每人kg石油)	3401 (2004年)	6868 (2005年)	3576 (2005年)	3528 (2006年)	2865 (2006年)
每千人汽车拥有量(台)	586 (2006年)	675 (2005年)	517 (2006年)	598 (2006年)	598 (2006年)
每km^2道路长度(km)	3.16	0.68	1.71	1.85	1.41
电视家庭保有率(各国2003～2006年最新数值，%)	99.8	94.7	98.2	94.4	97.0
每百人固定电话数(2006年)	43.0	55.6	56.2	65.9	55.8
每百人移动电话数(2006年)	79.3 (2005年)	80.3 (2006年)	116.6 (2006年)	103.6 (2006年)	85.1 (2006年)
每百人计算机台数(2006年，台)	66.6	79.9	81.2	65.3	65.9
每百人互联网利用者数(2006年，人)	68.3	69.8	63.2	46.7	49.6
每千人病床数(各国2003～2006年最新数值)	14.3	3.3	3.9	8.4	7.5

资料来源：日本　住宅经济数据集　2009

2.4 美英德法日五国住宅投资情况

（单位%）

国家		1980年	1982年	1984年	1986年	1988年	1990年
美国	A	3.9	3.0	4.8	5.1	4.8	3.9
	B	18.5	16.5	18.1	17.7	17.1	14.6
	C	21.2	17.9	26.7	28.9	27.9	26.9

续表

国家		1980年	1982年	1984年	1986年	1988年	1990年
德国	A	6.7	6.2	6.4	5.3	5.2	5.6
	B	22.7	20.5	20.0	19.5	19.6	21.0
	C	29.6	30.3	31.7	27.3	26.5	26.6
法国	A	6.1	5.5	4.9	5.2	5.2	5.1
	B	21.9	20.8	19.0	19.2	20.5	21.4
	C	28.0	26.3	25.8	27.1	25.6	24.0
英国	A	2.8	3.4	3.7	3.5	4.0	3.6
	B	17.2	16.4	17.1	16.9	19.0	19.3
	C	16.2	20.4	21.3	21.0	21.2	18.8
日本	A	6.7	5.9	5.0	5.0	6.2	6.2
	B	31.6	29.5	27.7	27.3	29.9	32.2
	C	21.4	20.0	18.0	18.1	20.6	19.1
国家		1992年	1995年	1998年	2000年	2001年	2007年
美国	A	3.7	3.9	4.2	4.3	4.4	4.8
	B	12.9	17.7	19.4	20.1	19.2	—
	C	28.4	22.0	21.4	21.6	22.9	25.0
德国	A	6.1	7.9	7.4	6.9	6.3	5.6
	B	21.5	22.4	21.4	21.6	20.1	—
	C	28.6	35.1	34.5	32.1	31.5	30.7
法国	A	4.9	4.3	4.1	4.2	4.2	6.9
	B	20.0	18.8	18.4	20.1	20.0	—
	C	24.7	23.1	22.2	21.0	20.8	31.3
英国	A	2.7	3.0	2.9	2.9	2.8	4.1
	B	15.4	16.3	17.6	16.7	16.5	—
	C	17.6	18.4	16.7	17.3	16.8	22.1
日本	A	5.2	5.1	4.2	4.2	3.9	3.5
	B	30.8	27.7	26.8	26.2	25.6	—
	C	16.8	18.6	15.7	15.9	15.4	14.4

注：A：住宅投资/国内生产总值；B：固定资产形成总值/国内生产总值；C：住宅投资/固定资产形成总值。

资料来源：日本　住宅建筑手册　1997，2003

　　　　　日本　住宅经济数据集　2009

2.5　美英德法日每千居民住房投资额(名义)(2007年)

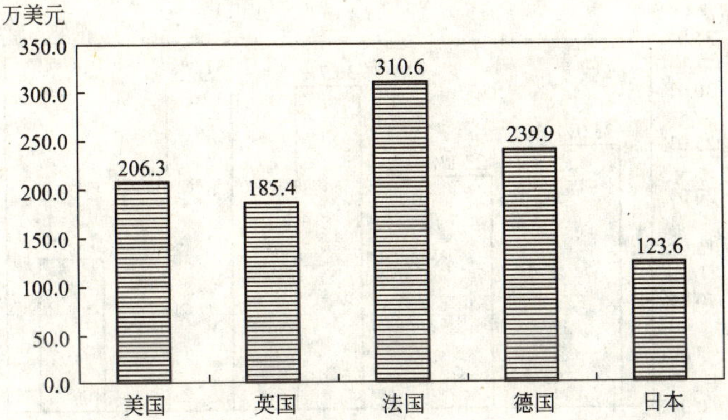

资料来源：日本　住宅经济数据集　2009

2.6　美英德法日住宅投资占 GDP 的比例(2007年)

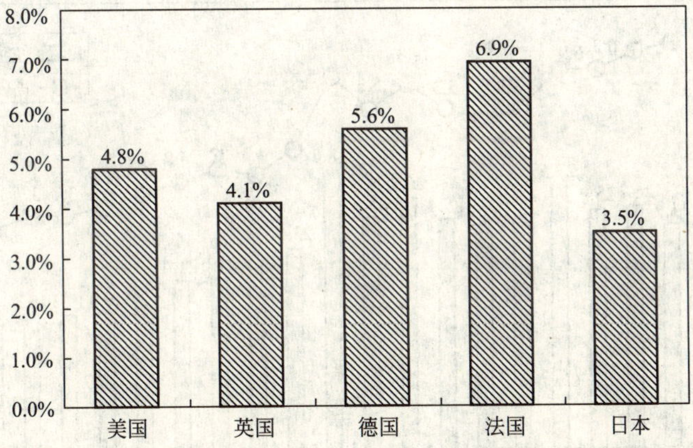

资料来源：日本　住宅经济数据集　2009

2.7 美英德法日住宅投资占国内固定资产总值的比例(名义)(2007年)

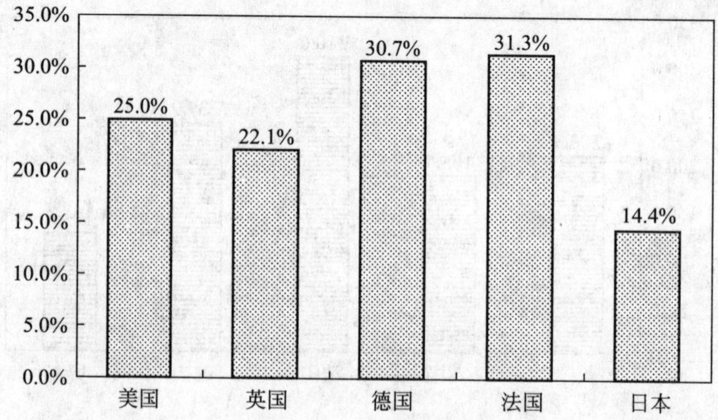

资料来源：日本　住宅经济数据集　2009

2.8 日本住宅投资占GDP比例(实际)

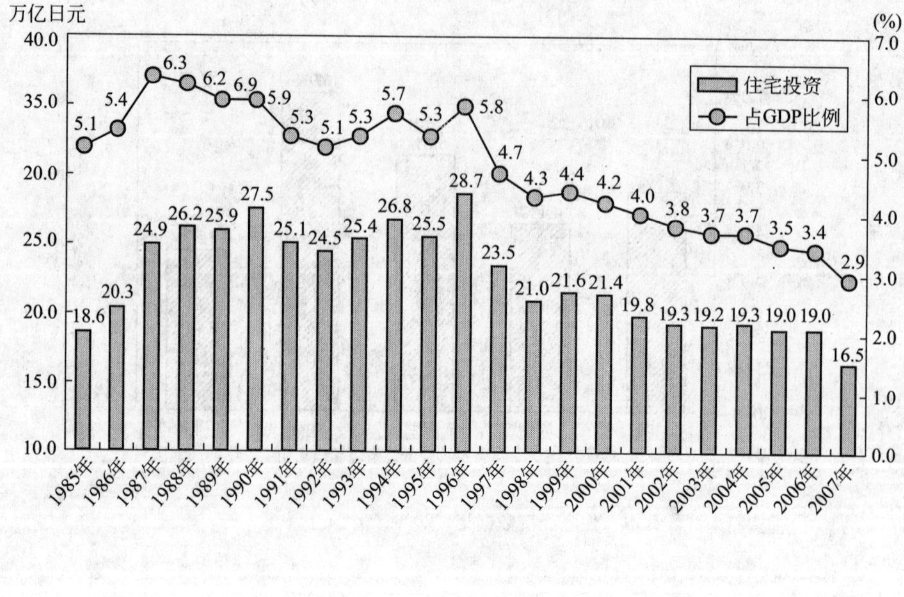

1985～2007年日本住宅投资变化情况 附表

（单位：10亿日元）

年度	住宅投资(实际)			住宅投资(名义)		
	实数	前年度比	GDP比	实数	前年度比	GDP比
1985	18642	3.6%	5.1%	15576	3.5%	4.8%
1986	20310	8.9%	5.4%	16834	8.1%	4.9%
1987	24858	22.4%	5.3%	21197	25.9%	5.9%
1988	26201	5.4%	5.2%	22645	6.8%	5.9%
1989	25869	△1.3%	5.9%	23937	5.7%	5.8%
1990	27462	6.2%	5.9%	26027	8.7%	5.8%
1991	25099	△8.6%	5.3%	24463	△6.0%	5.2%
1992	24483	△2.5%	5.1%	24159	△1.2%	5.0%
1993	25393	3.7%	5.3%	25466	5.4%	5.3%
1994	26762	5.4%	5.7%	27206	6.8%	5.6%
1995	25495	△4.7%	5.3%	25741	△5.4%	5.2%
1996	28678	12.5%	5.8%	29305	13.8%	5.8%
1997	23491	△18.1%	4.7%	24284	△17.1%	4.7%
1998	21015	△10.5%	4.3%	21194	△12.7%	4.2%
1999	21617	2.9%	4.4%	21661	2.2%	4.3%
2000	21429	△0.9%	4.2%	21391	△1.2%	4.2%
2001	19817	△7.5%	4.0%	19517	△8.8%	4.0%
2002	19323	△2.5%	3.8%	18838	△3.5%	3.8%
2003	19160	△0.8%	3.7%	18724	△0.6%	3.8%
2004	19293	0.7%	3.7%	19043	1.7%	3.8%
2005	19005	△1.5%	3.5%	18969	△0.4%	3.8%
2006	18965	△0.2%	3.4%	19347	2.0%	3.8%
2007	16516	△12.9%	2.9%	17149	△11.4%	3.3%

注：△表示下降。
资料来源：日本　住宅经济数据集　2009

2.9 日本国民经济各产业的生产诱发系数

产业名称	生产诱发系数	产业名称	生产诱发系数
农林水产业	1.809	金融、保险业	1.590
矿业	1.969	房地产业	1.248
制造业	2.162	运输业	1.885
建设业	1.926	通信、广播	1.682
电力、供水、燃气	1.677	公务	1.452
商业	1.517	服务	1.645

注：生产诱发系数是指各该产业1个单位的投资可引起各产业(包括该产业本身)的国内产值与投资之比。住宅建筑业的生产诱发系数一般稍稍低于总体建设业——编者
资料来源：日本　投入产出表(2005)

2.10 住宅相关产业的生产诱发效果(2007 年)

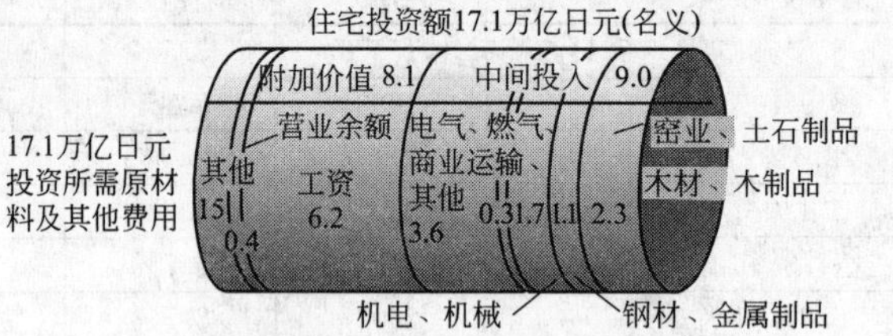

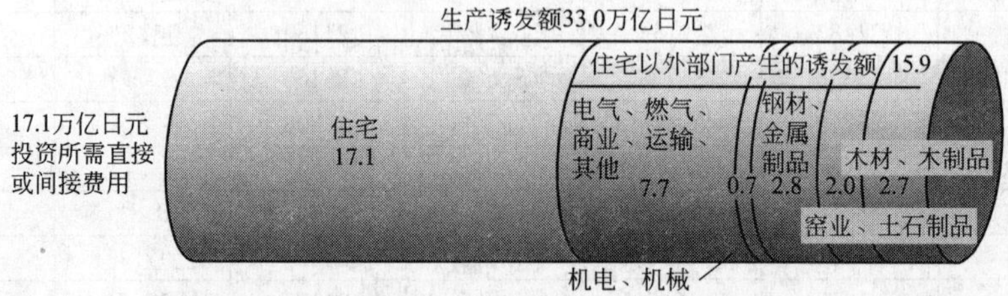

注：2007 年住宅建筑业的生产诱发系数为 33.0/17.1≈1.93——编者

资料来源：日本　住宅经济数据集　2009

2.11 日本住宅投资诱发的居民支出

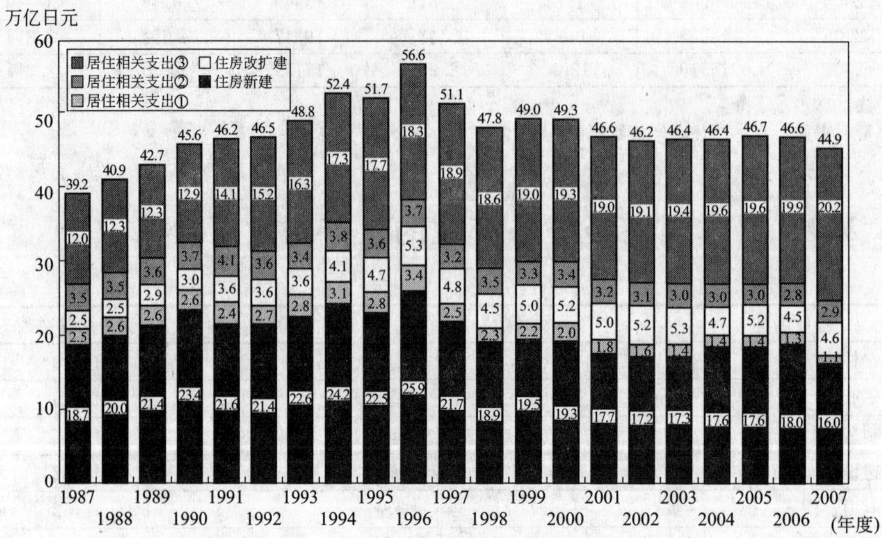

注：居住相关支出①：建筑设备维修；居住相关支出②：家用电器、室内装饰、卧具；居住相关支出③：房租、地租、水电热

资料来源：日本　住宅经济数据集　2009

2.12 日本住房相关投资除自有资金外的三大经济来源

(1) 国家预算拨款

在国家预算支出中，公共事业费一般不低于10%，在公共事业费中，住宅与市区对策费一般也不低于10%。以2000年为例，国家预算总支出约为85兆日元(占11%)，公共事业费中，住宅与市区对策费约为1.3兆日元(占13.4%，即占预算总支出的1.5%)，主要用于公共团体的补助费，用于充实和完善住宅和市区公共事业。

2000年度一般会计预算年度总支出额

（单位：亿日元、%）

序号	项目内容	金额(亿日元)	百分比(%)
1	国债费	219654	25.8
2	地方上缴税补贴	149304	17.6
3	对产业投资特别会计的结转金等	1595	0.2
4	其他费用	72316	8.5
5	能源对策	6351	0.7
6	经济合作	9842	1.2
7	**公共事业**	94307	11.1
8	防卫	49358	5.8
9	养老金	14256	1.7
10	振兴文教、科学	65222	7.7
11	社会保障	167666	19.7
12	总计	849871	100.00

公共事业相关费用

序号	项目内容	金额(亿日元)	百分比(%)
1	治山、治水	15212	16.1
2	道路整修	26687	28.3
3	**住宅、市区对策**	12595	13.4
4	支援农业农村	10926	11.6
5	港湾、渔港、机场建设	7248	7.7
6	下水道、卫生设施建设	16815	17.8
7	灾害修复	727	0.8
8	其他	4087	4.3

(2) 财政投资贷款

国家将一般会计结转金、邮政储蓄、养老金、公债等有利息资金向政府的有关机构和民间企业提供投资和贷款，这称为财政投资贷款，也称为第2预算。财政投资贷款中大约有1/3～1/4用于住宅建设。以2000年为例，计划投资贷款总额约44兆日元，其中约29%(13兆日元)通过住宅金融公库和都市基础设施整备公团用于住宅建设。

财政投资贷款计划

项目内容	项目贷款占贷款总额的百分比(%)				
	1980年	1985年	1990年	1995年	2000年
住宅	26.2	25.4	24.2	29.5	29.2
中小企业	18.7	18.0	12.5	12.8	14.4
生活环境的改善	14.1	15.7	12.2	13.7	15.2
运输通信	9.6	8.5	6.7	3.8	1.6
道路	5.7	8.8	7.8	6.5	8.0
贸易经济合作	5.6	5.3	4.6	3.9	4.2
农业渔业	4.9	4.3	2.5	2.5	2.0
文教	4.4	3.6	1.6	1.7	1.9
其他	10.9	10.5	27.8	25.6	23.5

(3) 地方债

根据地方自治法、地方财政法等规定，地方债券(地方公共团体发行的公债)必须获得国家的许可，根据一定的许可方针，仅对特定的事业发行。

地方公共团体进行的部分住宅建设事业已得到批准发行公债，由此能够保证财政基础薄弱的地方公共团体的财源。

以2000年为例，发行的地方债总额高达16兆日元左右，其中大约3000亿日元(约占总额的2%)用于住宅相关事业。

地 方 债 计 划 (单位：亿元)

项目内容	1995年度计划额	2000年度计划额
一、一般会计债		
1. 一般公共事业	25272	24701
2. 公营住宅建设事业	3172	3158
3. 受灾重建事业	367	208
4. 义务教育设施建设事业	2643	3793
5. 保健福利设施建设事业	2057	2406
6. 一般废弃物处理事业	5122	5103

续表

项目内容	1995 年度计划额	2000 年度计划额
7. 住宅事业	60	70
8. 一般单独事业	59137	50060
9. 偏远地区及人口稀少地区对策事业	4490	4120
10. 地区改善对策特定事业	100	800
11. 新产业城市等建设事业	373	382
12. 公共用地先行获取等事业	700	700
13. 调整	250	230
合　计	103743	95731
二、公营企业债	52504	49234
三、特别地方债	12977	13700
四、其他	6859	15367
总　计	163106	160332

资料来源：亚太建设科技信息研究院、建设部住宅产业化促进中心　国内外住宅建设及我国住宅产业化发展对策研究　2005.06

2.13 日本经济增长要素分析

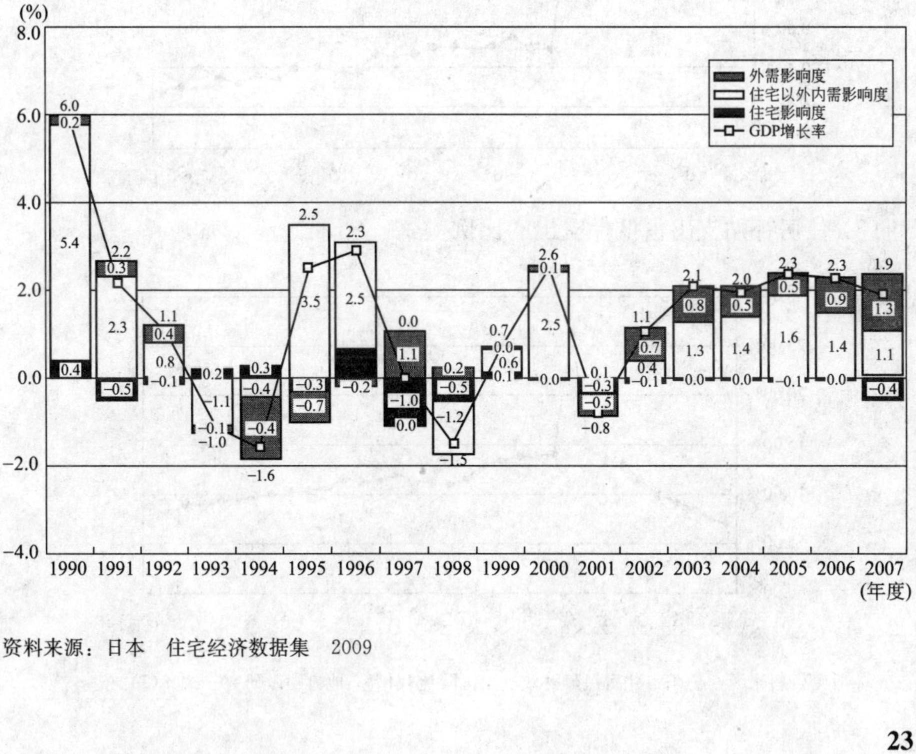

资料来源：日本　住宅经济数据集　2009

2.14 美国公共住房财政支出

(1) 政府住房预算支出占联邦支出的比例

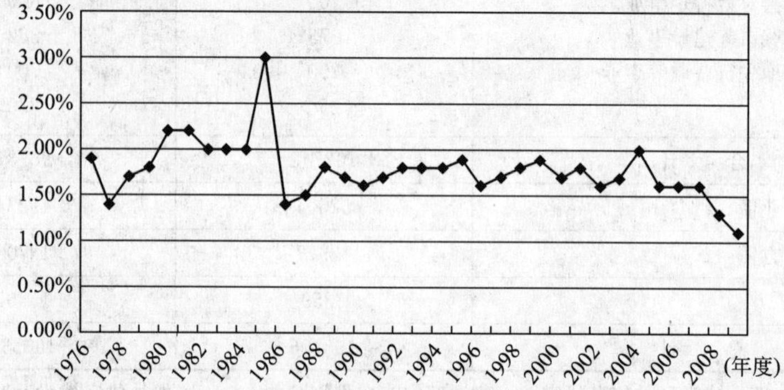

(2) 政府住房预算支出占 GDP 的比例

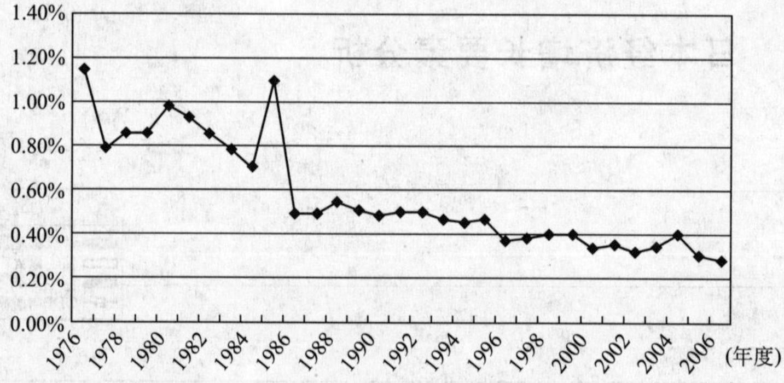

(3) 住房补贴支出占低保支出的比例

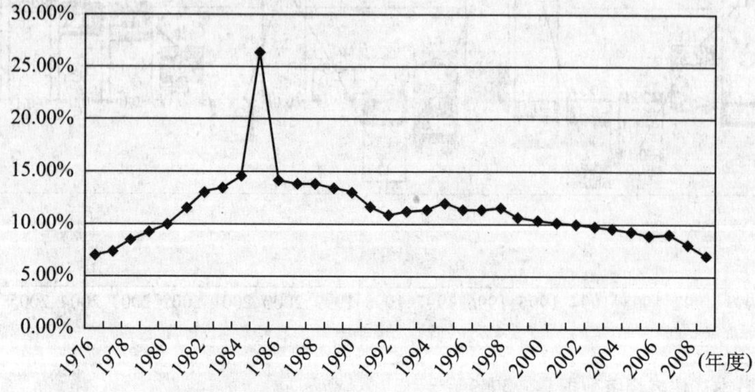

资料来源：杨阳　住房保障财政支出国际比较借鉴 地方财政研究　2009(7)

3 住房建设量

3.1 欧洲19国2003～2007年住房竣工量

（单位：千套）

国家名称	2003年	2004年	2005年	2006年	2007年	2007年每千人竣工住宅套数
奥地利	42.00	42.30	42.50	42.50	43.20	5.2
比利时	38.60	44.80	48.00	55.40	54.20	5.1
捷克	27.10	29.30	32.90	31.20	41.60	4.0
丹麦	24.00	27.00	27.00	31.00	31.00	5.7
芬兰	28.10	31.00	34.20	33.90	35.70	6.7
法国	298.00	325.00	365.00	405.00	412.00	6.7
德国	236.10	247.80	213.80	220.60	198.30	2.4
匈牙利	35.50	43.90	41.10	33.90	36.20	3.6
爱尔兰	68.90	76.90	86.21	88.20	78.03	18.0
意大利	214.00	237.70	260.10	293.40	299.30	5.0
荷兰	59.60	65.30	67.00	72.40	77.50	4.7
挪威	21.40	23.10	28.40	28.10	29.70	6.3
波兰	162.60	108.10	114.10	115.20	133.80	3.5
葡萄牙	76.80	71.40	71.80	58.40	55.80	5.3
斯洛伐克	14.00	12.60	14.90	14.40	16.50	3.1
西班牙	580.00	636.00	668.00	749.00	795.00	17.6
瑞典	20.00	29.70	26.80	35.20	36.50	4.0
瑞士	32.10	36.90	38.00	42.00	42.50	5.6
英国	190.62	202.80	210.50	211.80	218.00	3.6

附图：欧洲 19 国 2007 年住房竣工量(套/每千人)

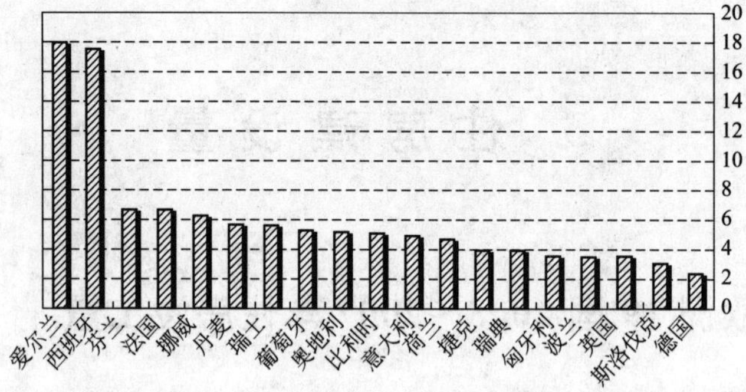

资料来源：Construction and Housing in Ireland 2008 Edition

3.2　美英法日每千居民新建住房量

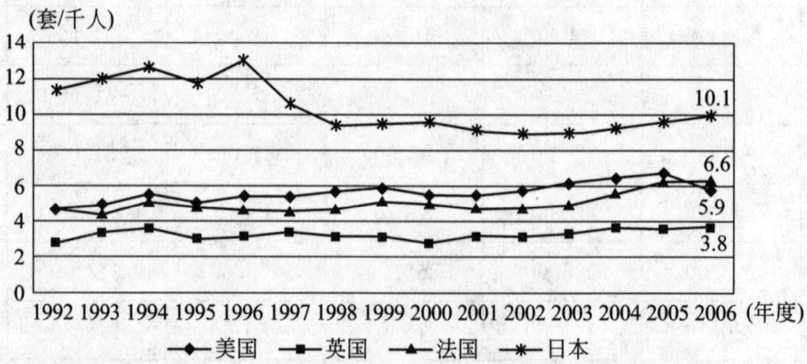

资料来源：海外 DATAJ-NOW 2006（住宅金融公库）

3.3　日本 1983～2008 年新开工住房套数

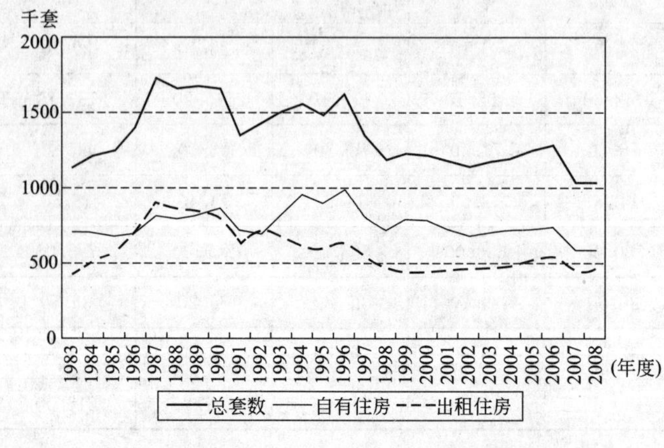

附表

（千套）

年度	1983	1984	1985	1986	1987	1988	1989	1990	1991	1992	1993	1994	1995
总套数	1135	1207	1251	1400	1729	1663	1673	1665	1343	1420	1510	1561	1485
自有住房	710	703	687	699	818	795	821	861	720	698	827	959	895
出租住房	425	504	564	700	910	867	852	804	623	722	683	602	589
年度	1996	1997	1998	1999	2000	2001	2002	2003	2004	2005	2006	2007	2008
总套数	1630	1341	1180	1226	1213	1173	1146	1174	1193	1249	1285	1036	1039
自有住房	988	802	720	788	784	721	682	707	716	723	738	594	583
出租住房	642	540	460	438	429	452	464	467	477	526	547	441	456

注：此表中自有住房包括自用住房和出售住房，出租住房包括出租住房和单位低租金住房。

资料来源：日本　住宅经济数据集　2009

3.4 日本1983～2008年不同使用关系的新开工住宅套数

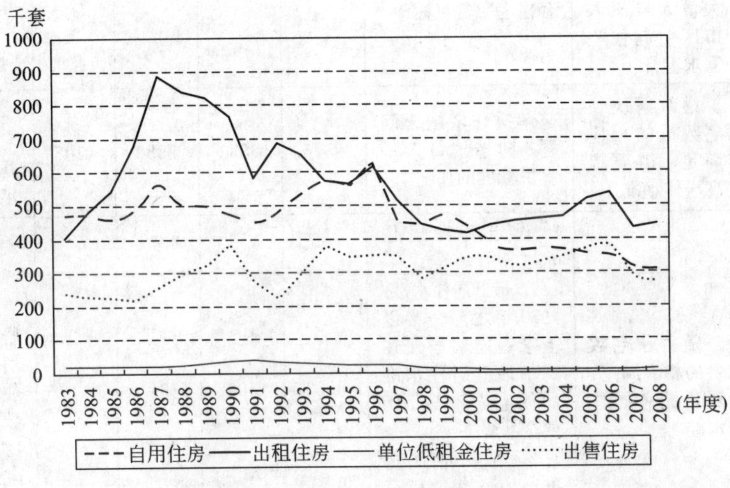

附表

（千套）

年度	1983	1984	1985	1986	1987	1988	1989	1990	1991	1992	1993	1994	1995
自用住房	471	473	460	480	563	497	499	474	448	482	537	581	551
出租住房	405	482	544	679	887	842	821	767	582	687	652	574	564
单位低租金住房	20	22	20	21	23	25	31	37	40	35	31	28	26
出售住房	239	230	227	220	256	299	322	387	273	217	290	378	345

续表

年度	1996	1997	1998	1999	2000	2001	2002	2003	2004	2005	2006	2007	2008
自用住房	636	451	438	476	438	377	366	373	367	353	356	312	311
出租住房	616	516	444	426	418	442	455	459	467	518	538	431	445
单位低租金住房	26	24	16	12	11	10	10	8	9	9	9	10	11
出售住房	352	351	282	312	346	344	316	334	349	370	383	283	273

资料来源：日本　住宅经济数据集　2009

3.5　日本住宅建设八个五年计划期间的建设量

阶段	背景	计划目标	建设套数(千套)				附注
			计划		实际完成		
			拟建总套数	其中公共投资	总套数	其中公共投资	
第一个五年计划(1966～1970年)	需要解决遗留的住宅缺乏问题。由于经济迅速发展，大量人口流入市区引起住宅需求上升	解决住宅缺乏问题，实现“每户一套住宅”的目标	6700	2700	6739.3	2565.3	全国住宅套数超过家庭数(据1968年住宅调查)
第二个五年计划(1971～1975年)	继续解决住宅数量的相应满足，需要提高居住水准	解决住宅缺乏问题，建造“每人一室”标准的住宅	9576	3838	8280	3108	每个县的住宅套数超过家庭数(据1973年住宅调查)
第三个五年计划(1976～1980年)	随着住宅数量的相应满足，需要提高居住水准	设定两种居住水准： 1. 最低居住水准：1980年之前一半以上家庭能够居住在高于最低居住水准的住宅内，1985年要全部解决 2. 平均居住水准：1985年期望有一半家庭达到平均居住水准	8600	500	7697.5	3648.5	总体上，居住水准有切实改善，住宅空房套数为268万套(据1978年住宅调查)
第四个五年计划(1981～1985年)	重点在大城市继续提高居住水准。致力于适应战后成长的一代人对获得自有住宅的需要	继续努力达到居住水准。另外设定“居住环境水准”	7700	3500	6104	3231	还存在着低于最低居住水准的家庭(据1983年住宅调查)

续表

阶段	背景	计划目标	建设套数(千套)				附注
			计划		实际完成		
			拟建总套数	其中公共投资	总套数	其中公共投资	
第五个五年计划(1986～1990年)	面向21世纪，确保足够的优质住宅拥有量，以满足安定、宽裕的居住条件	制定新的居住水准： 1. 最低居住水准：在第五个五年计划期间尽可能使所有家庭达到最低居住水准 2. 引导性居住水准：到2000年，确保半数以上的家庭能够达到引导性居住水准 城市居住型—以在城市中心及其周围地区建造的公寓式住宅为对象。一般居住型—以在郊区及其他地方建造的独立式住宅为对象。维持第四个五年计划中制定的居住环境标准，以此为方针，努力改善居住条件	6700	3300	8356	3138	从全国水准来说，最低居住水准的家庭数低于家庭总数的10%(9.5%)(据1988年住宅调查)
第六个五年计划(1991～1995年)	推动能适用于整个90年代的住宅政策。 通过解决大城市的住宅问题及适应老龄化社会，实现富裕的居住生活	制定和实施有利于达到引导性居住水准的政策措施。 1. 诱导居住水准。继续执行第五个五年计划制定的诱导居住水准。努力在2000年全国的一半家庭能够达到该水准，并且在2000年后的尽可能早期，在所有城市圈中的一半家庭能够达到此水准 2. 最低居住水准。继续把此水准作为全国所有家庭应该达到的水准。在居住环境方面，重新按城市中心和其周围地区，以及郊区和其他地方，分别制定居住环境水准，并继续努力改善居住环境	7300	3700	7623	4017	从总体上看居住水准有切实改善(据1993年住宅调查)

续表

阶段	背景	计划目标	建设套数(千套)				附注
			计划		实际完成		
			拟建总套数	其中公共投资	总套数	其中公共投资	
第七个五年计划(1996~2000年)	1. 建设优质存量住宅，适应国民需求。 2. 推动安全、舒适的城市居住环境建设。 3. 适应长寿社会和充满活力的居住环境建设。 4. 推动有助于地区经济发展的住宅、居住环境建设	继续努力达到居住水准目标。 1. 简化按各居住房间所做的详细规定：平面布置可由居住者自由选择 2. 在性能和设备方面，应该从安全性、耐久性、适合老年人居住、有利于环保等角度，更加充实 根据已制定的居住环境标准，切实改善居住环境	7300	3525	6812	3487	约有半数住户达到诱导居住水准(据1998年住宅调查)
第八个五年计划(2000~2005年)	1. 满足国民多样化需求，建设优质存量住宅。 2. 建设支撑少生育、老龄化社会的居住环境。 3. 推动城市居住和有助于地区经济发展的住宅、居住环境建设。 4. 推进规范住宅市场环境，以便于消费者了解住宅有关情况	以实现2015年全国三分之二的家庭达到诱导居住水准、2010年所有城市圈中半数以上的家庭确保能够达到该水准为目标	6400	3250	3493(截至2004年)	996(截至2004年)	

资料来源：日本　住宅建筑手册　2003年
日本国土交通省住宅局资料

3.6 韩国1996~2003年住房建设量

(单位：套)

	1996年	1997年	1998年	1999年	2000年	2001年	2002年	2003.11
全国	592132	596435	306031	404715	433488	529854	666541	478131
其中：公寓住宅(%)	462548(78%)	484949(81%)	262879(85%)	345345(85%)	331579(76%)	267401(50%)	384692(57%)	367882(76%)

资料来源：Directions of Korean Housing Policy 2004，Ministry of Construction & Transportation Republic of Korea

4 现有住房状况

4.1 欧洲19国2002～2007年住房存量

（单位：千套）

国家名称	2002年	2003年	2004年	2005年	2006年	2007年	2007年每千人住房存量
奥地利	3819	3822	3849	3879	3910	3941	474
比利时	4693	4733	4430	4830	4883	4930	468
捷克	4372	4375	4381	4462	4514	4545	438
丹麦	2773	2792	2814	2844	2865	2885	530
芬兰	2574	2595	2635	2667	2700	2730	515
法国	29620	29940	30264	30610	30952	31283	508
德国	37480	37640	37380	37500	37600	37700	459
匈牙利	4085	4110	4135	4170	4209	4238	422
爱尔兰	1506	1575	1652	1773	1804	1882	434
意大利	27599	27798	28028	28278	28554	28835	486
荷兰	6764	6810	6810	6914	6912	7025	428
挪威	2329	2344	2370	2390	2405	2420	517
波兰	12570	12730	12830	12905	13010	13130	344
葡萄牙	5308	5398	5391	5462	5520	5575	526
斯洛伐克	1905	1919	1930	1943	1956	1958	363
西班牙	21275	21810	22623	23210	23859	24600	544
瑞典	4310	4326	4379	4406	4436	4473	488
瑞士	3638	3672	3710	3749	3792	3835	503
英国	24936	25101	25301	25497	25710	26022	426

资料来源：Construction and Housing in Ireland 2008 Edition

4.2 国外不同建设年代的住房存量

国家	年份	住房总数（千套）	1919年以前(%)	1919～1945年(%)	1946～1970年(%)	1971～1980年(%)	1981～1990年(%)	1991～2000年(%)	2001年及以后(%)
奥地利[1]	2004[2]	3429	17.6	8.1	12.6	15.9	15.9	13.3	13.7
比利时[2,3]	2001[4]	4084	11.5	12.7	22.3	11.8	7.0	4.8[5]	4.9[6]
加拿大[7]	2001	11563	6.7	7.6	31.6	21.3	18.0	14.8	…
克罗地亚	2001[2]	1422	9.1	7.3	31.0	23.1	17.2	8.3	0.1
塞浦路斯	2001	222	…	5.7[8]	17.3	23.2	28.0	24.1	1.2
捷克[2]	2001[10,3]	3828	10.9	14.7	26.3	22.5	16.4	8.2	…
丹麦	2002[2]	2523	20.9	17.8	29.8	16.4	9.4	5.2	…
爱沙尼亚	2000[11]	621	43.0	68.7	165.8	122.8	112.2	15.7[5]	9.7[6]
芬兰[2,3]	2002	2574	1.7	8.8	30.6	23.4	19.9	12.3	2.1
法国	2002	24525	19.9	13.3	18.0	26.0	11.9	10.0	0.9
德国	1998	37050	8.0	6.0	57.9	10.2	3.0	7.5	…
希腊	2001	3532	2.3	6.4	34.1	26.1	18.3	12.7[2]	…
匈牙利[2]	2005[12]	4173	378	440.4	1069.7	912.6	698.5	308.3	129.8
爱尔兰	2002[2]	1387	3.6	8.2	16.5	17.5	16.2	27.8	4.1
意大利	1991[2]	19736	11.7	6.6	29.1	13.3	7.3	7.3	…
立陶宛[2]	2001[13]	1203	3.6	10.2	28.8	24.6	23.3	7.1	0.1
卢森堡	2001[2]	171953	11.9	14.8	27	14.9	11.6	17.1	…
荷兰	1999[2]	6442	8.0	12.7	31.8	19.6	16.5	11.4[14]	…
挪威	2001	1962	10.9	8.7	17.1	15.1	19.2	16.7	12.3
波兰[2,3]	2002[15]	11633	10.1	13.0	26.9	18.3	20.9	7.7	1.1
葡萄牙	2001	3551	5.1	7.6	24.1	19.8	21.7	21.7	…
罗马尼亚[2]	2002	8111	4.5	8.7	32.9	22.0	14.4	5.4	0.5
斯洛伐克[18]	2001	1666	3.4	6.6	35.1	25.6	21.0	6.2	0.6
斯洛文尼亚[20]	2002[19]	662	14.5	7.6	28.9	24.5	16.8	7.0	0.6
西班牙	2001[2]	14184	8.9	6.5	31.1	24	13.6	14.4	1.1
瑞士	2000[2]	3581	15.3	9.4	26.4	12.8	10.8	10.3	…

续表

国家	年份	住房总数（千套）	1919年以前(%)	1919～1945年(%)	1946～1970年(%)	1971～1980年(%)	1981～1990年(%)	1991～2000年(%)	2001年及以后(%)
土耳其	1994[3]	13383	6.6	28.1	36.0[12]	29.3[13]	…	…	…
乌克兰	2004[21]	17539	3.6	3.3	41.1	23.7	22.5	5.5	0.3
马其顿	2002[2]	698	0.8	2.6	24.8	21.8	17.1	8.7	0.9
美国	2003	105842	7.8	16.3	24.3	19.3	13.8	13.5	4.9

1. 2004年，面积超过4m^{2}的厨房按一个房间统计；
2. 由于部分房屋建设年代未知，所以百分比总和可能不为100%；
3. 由于部分房屋房间数未知，所以百分比总和可能不为100%；
4. 数据统计截止到2001年10月1日；
5. 1991～1995年；
6. 1996及以后；
7. 本统计数据为正在使用的私人住宅；
8. 1946年以前；
9. 本统计数据为正在使用的普通住宅；
10. 本统计数据仅包含正在使用的永久住宅；
11. 数据基于2000年人口和住房普查（2000年3月31日）；
12. 数据基于2005年人口和住房普查（2005年4月1日）；
13. 数据基于2001年人口和住房普查；
14. 1991年及以后；
15. 数据基于2002年5月20日的全国人口普查统计；
16. 数据基于2002年3月的全国住房和人口普查；
17. 5个房间及以上；
18. 数据基于2001年的全国住房和人口普查；
19. 数据基于2002年的全国住房和人口普查，斯洛文尼亚；
20. 厨房未按房间统计；
21. 数据基于2004年11月对11040户家庭的抽样调查统计。

时期划分的不同

加拿大	法国	匈牙利	德国	意大利	挪威	美国
1921年以前	1915年以前	1920年以前	1919年以前	1919年以前	1921年以前	1920年以前
1921～1945年	1915～1948年	1920～1944年	1919～1948年	1919～1945年	1921～1945年	1920～1949年
1946～1960年	1949～1961年	1945～1969年	1949～1978年	1946～1960年	1946～1960年	1950～1960年
1961～1970年	1962～1967年	1970～1979年	1979～1986年	1961～1971年	1961～1970年	1970～1979年
1971～1980年	1968～1981年	1980～1989年	1987～1990年	1972～1981年	1971～1980年	1980～1989年
1981～1990年	1982～1990年	1990～2000年	1991～2000年	1982～1991年	1981～1990年	1990～1999年
1991～2001年	1991年及以后	2001年	2001年及以后		1991～2001年	2000年及以后

资料来源：Bulletin of Housing Statistics for Europe and North America，2006
http：//www.unece.org/hlm/prgm/hsstat/Bulletin_06.htm

4.3 美英德法日不同投资主体的住房量

（单位：千套）

国家名称	总计	自有住房	出租住房	其中：	
				民间出租	公营出租
美国(2005年)	100.0% 108871	68.8% 74931	31.2% 33940	27.5% 29906	3.7% 4034
英国(2003年)	100.0% 21484	70.8% 15201	29.2% 6283	10.3% 2205	19.0% 4078
德国(2002年)	100.0% 35128	42.6% 14976	57.4% 20152	—	—
法国(2002年)	100.0% 24525	56.0% 13724	36.9% 9061	19.7% 4830	17.3% 4231
日本(2008年)	100.0% 49614	61.2% 30365	35.8% 17738	27.1% 13432	5.9% 2910

资料来源：日本　住宅经济数据集　2009

4.4 日本各类存量住房的建筑面积

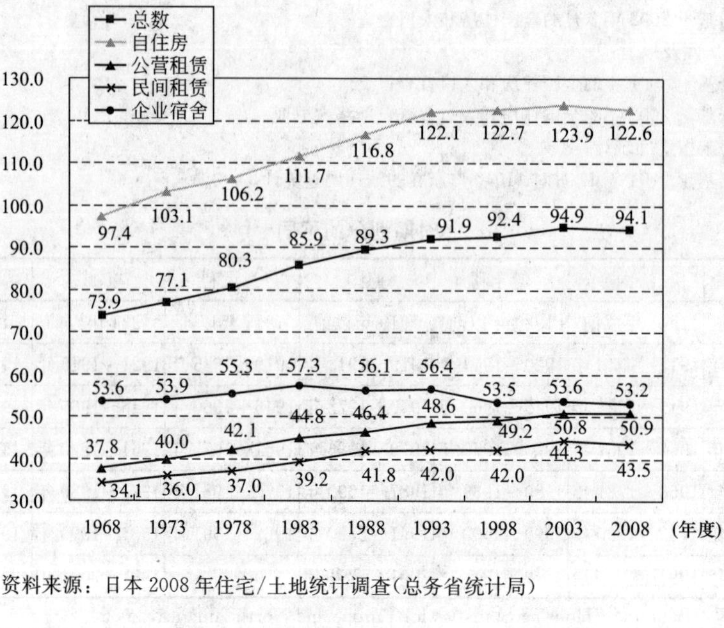

资料来源：日本2008年住宅/土地统计调查(总务省统计局)

4.5 美英德法日五国人均住房建筑面积（按墙体中—中计算）

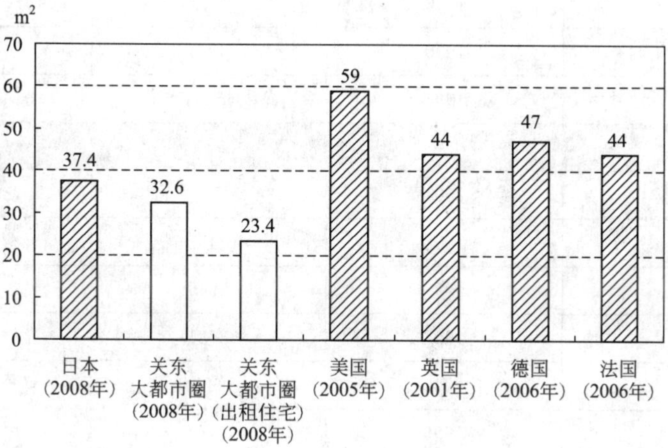

资料来源：日本　住宅经济数据集　2009

4.6 各国自有住房率状况

国家名称	年份	总住房套数(千套)	自有住房率(%)
欧盟			
奥地利	2002	3302	57.0
比利时	2002	42491	68.0
丹麦	2003	2561	50.1
芬兰	2003	2604	63.1
法国	2003	24525	60.0
德国	2002	38925	38.5
爱尔兰	2002	1387	80.0
意大利	1991	19736	68.0
荷兰	2000	6762	50.4
葡萄牙	2002	3541	75.7
瑞典	2004	4380	45.6

续表

国家名称	年份	总住房套数(千套)	自有住房率(%)
英国	2003	25770	70.4
其他西欧国家			
挪威	1990	1751	78.2
瑞士	1990	3575	31.0
土耳其	1994	13341	71.8
中欧与东欧			
阿尔巴尼亚	2001	786	94.3
保加利亚	1998	3438	92.5
克罗地亚	1999	1645	61.3
捷克	1998	3731	46.2
爱沙尼亚	2000	623	94.8
匈牙利	1996	3767	89.3
拉脱维亚	1998	955	49.0
立陶宛	2000	1356	97.6
波兰	1996	11547	56.4
罗马尼亚	1999	7883	72.4
斯洛文尼亚	1996	712	58.2
马其顿	1994	548	95.1
独联体			
亚美尼亚	1998	516	96.3
阿塞拜疆	1998	1526	73.8
白俄罗斯	1999	3800	63.0
吉尔吉斯斯坦	2000	1062	100.0
俄罗斯	1995	52681	41.0
北美			
美国	2001	105842	68.3
加拿大	1999	11553	63.7

资料来源：http：//web. cenet. org. cn/web/chenjie/index. php3？ file＝detail. php3&nowdir＝&id＝97993&detail＝1

4.7 欧洲 19 国 2007 年自有住房率

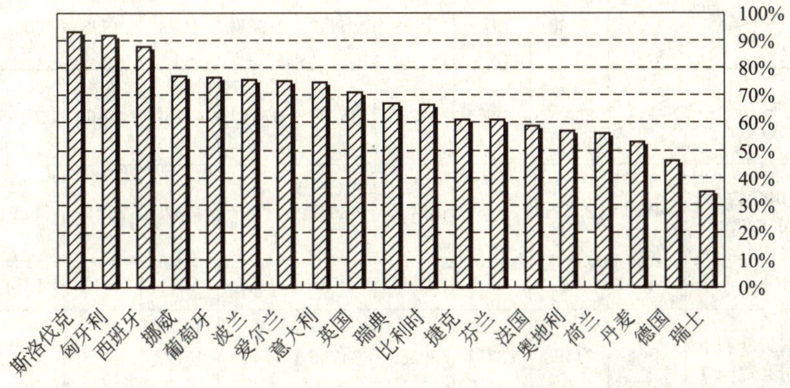

资料来源：Construction and Housing in Ireland 2008 Edition

4.8 英国 1914～2006 年历年住宅权属比例

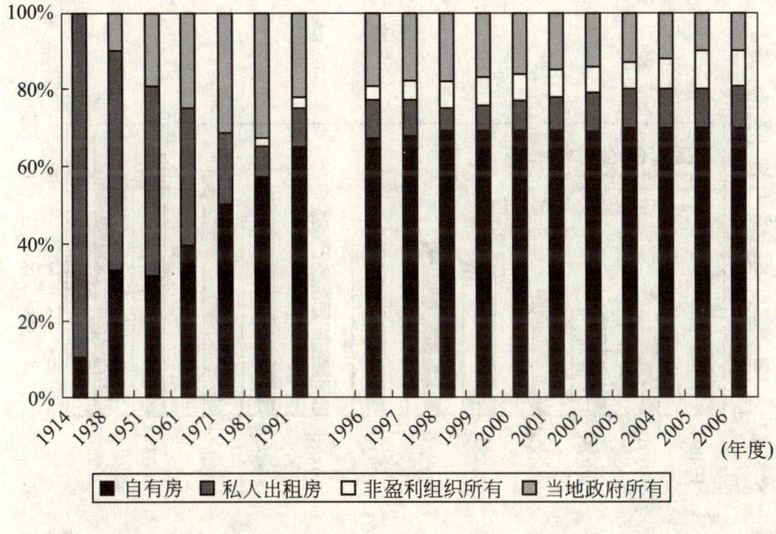

资料来源：杨滔等　英国“可负担住宅”建设的经验及借鉴意义　国际城市规划 2008 Vol. 23 No. 5

4.9 日本家庭数及现有住房套数

项目 \ 年份		1968	1973	1978	1983	1988	1993	1998	2003	2008
总家庭户数（A）	千户	25320	29651	32835	35197	37812	41159	44360	47255	49989
总住房套数（B）	千套	25591	31059	35451	38607	42007	45879	50246	53891	57593
B/A		1.01	1.05	1.08	1.10	1.11	1.11	1.13	1.14	1.15
除安置房外的住房套数	千套	24198	28731	32189	34705	37413	40773	43922	46863	49615
自有住房率	%	60.3	59.2	60.4	62.4	61.3	59.8	60.3	61.2	61.2

资料来源：日本　住宅·土地统计调查　日本总务省

4.10 日本家庭户数与现有住房套数比较

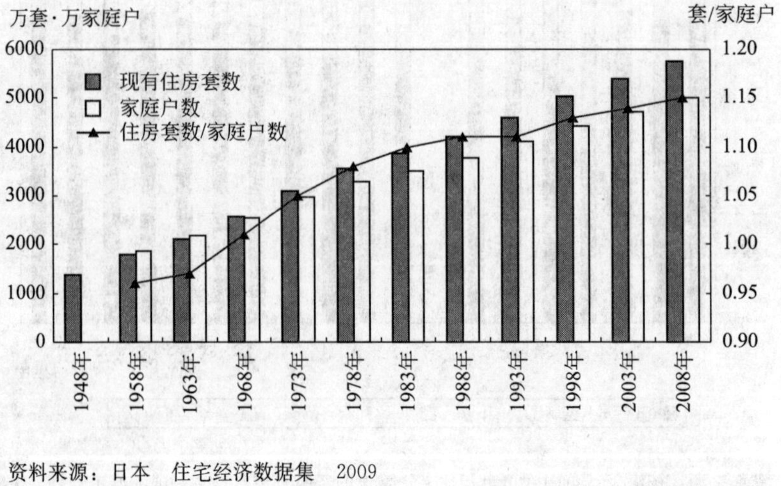

资料来源：日本　住宅经济数据集　2009

4.11 日本住房存量中自住房与租赁房的比例及建筑面积

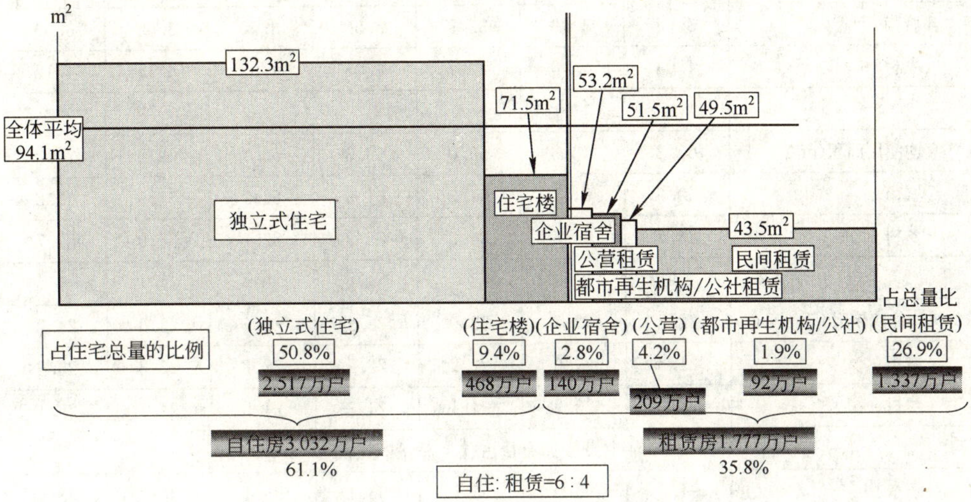

注：自住房和租赁房的比例约为6∶4。自住房中的独立式住宅约为2517万户占住房总量的一半。民营租赁的保有量约为1337万户(约为住宅总量的27%，租赁住宅总量的75%)。

资料来源：第15届日中建筑住宅会议日方资料

4.12 波兰住房存量和居住状况

项目＼年份	2002	2003	2004	2005	2006	2007	2008
千人住房拥有量	325.7	329.8	332.3	334.8	337.7	340.9	344.8
城市	354.6	359.4	362.7	366.3	370.4	374.8	379.9
乡村	278.5	282.4	283.6	284.8	286.0	287.5	289.8
套均居民数	3.07	3.03	3.01	2.99	2.96	2.93	2.90
城市	2.82	2.78	2.76	2.73	2.70	2.67	2.63
乡村	3.59	3.54	3.53	3.51	4.09	3.48	3.45
室均居民数	0.84	0.82	0.82	0.81	0.80	0.79	0.78
城市	0.81	0.80	0.79	0.78	0.77	0.76	0.75
乡村	0.89	0.87	0.87	0.86	0.85	0.85	0.84

续表

项目＼年份	2002	2003	2004	2005	2006	2007	2008
套均间数	3.66	3.68	3.68	3.69	3.69	3.70	3.70
城市	3.48	3.49	3.49	3.50	3.50	3.50	3.50
乡村	4.04	4.06	4.07	4.08	4.09	4.11	4.12
套均使用面积(m^2)	68.2	68.8	69.0	69.3	69.5	69.8	70.2
城市	60.6	61.1	61.3	61.5	61.7	61.9	62.2
乡村	83.7	84.5	84.9	85.2	85.6	86.0	86.7
人均住房使用面积(m^2)	22.2	22.7	22.9	23.2	23.5	23.8	24.2
城市	21.5	22.0	22.2	22.5	22.8	23.2	23.6
乡村	23.3	23.9	24.1	24.3	24.5	24.7	25.1
住宅设备拥有量占住宅总量的比例							
自来水	94.9	95.0	95.0	95.1	95.1	95.3	95.4
冲水式厕所	87.0	87.3	87.4	87.5	87.6	87.8	88.0
洗澡间	85.9	86.1	86.2	86.4	86.5	86.7	86.9
管道燃气	55.4	55.4	55.5	55.5	55.6	55.7	55.6
集中供热	76.7	77.1	77.2	77.4	77.5	77.8	78.0

资料来源：住房和城乡建设部赴波兰考察资料

4.13 日本住房及居住环境居民满意度评价

(1) 住房及居住环境综合评价(单位%)

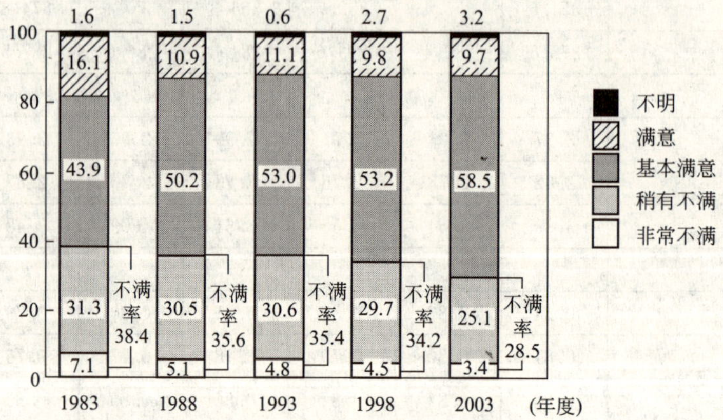

(2) 住房评价(单位%)

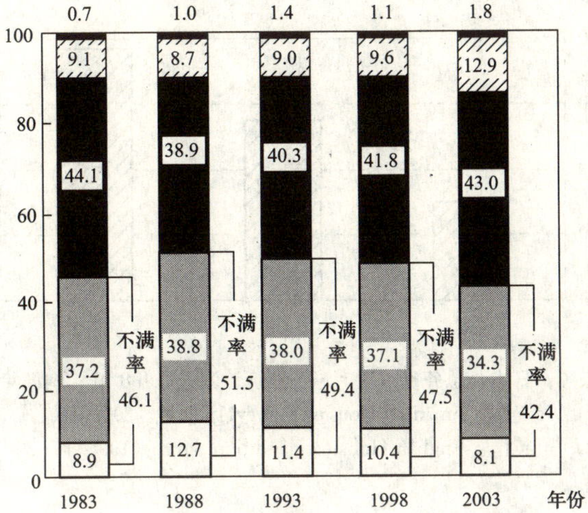

(3) 居住环境评价(单位%)

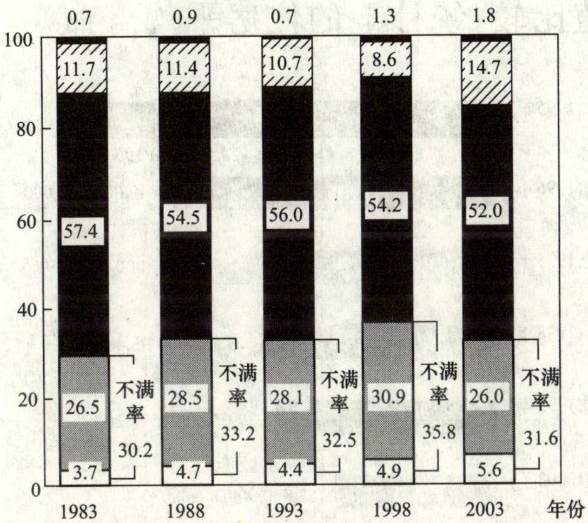

资料来源：日本　住宅经济数据集　2009

4.14　日美英三国被拆除住房的房龄比较

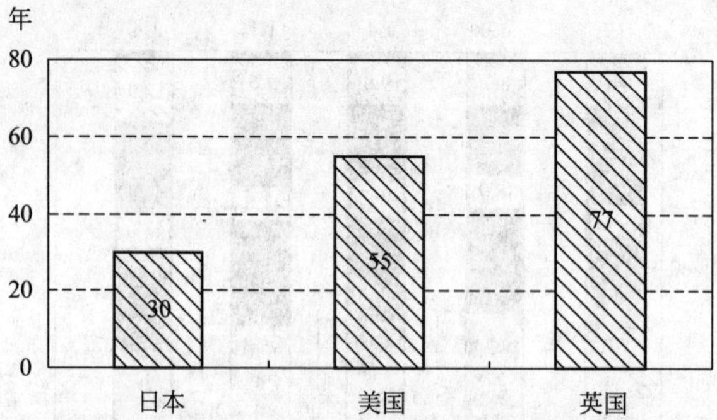

资料来源：日本：总务省　住宅·土地统计调查(1998年、2003年)
美国：American Housing Survey(1996年、2001年)
英国：English Housing Condition Survey(1996年、2001年)

4.15　英法美荷德日六国"现有住房套数/每年新建住房套数"数值比较(统计上的住房平均寿命)

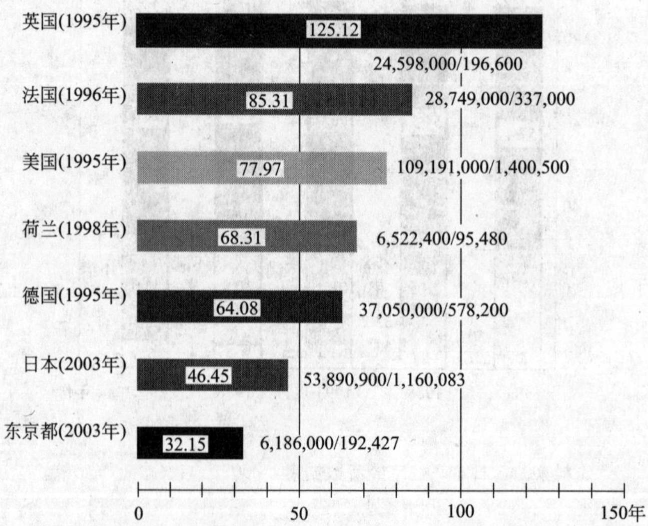

注：日本将这一指标视为住房的统计上的寿命，与住房可使用的寿命密切相关。——编者

资料来源：吴东航　小见康夫等　日本住宅建设与产业化　中国建筑工业出版社　2009

5 住 房 标 准

5.1 国外不同房间数量住房的平均有效面积

国家	年份		住房平均面积 m^2	不同房间数量住房的平均有效面积 m^2					
				1间	2间	3间	4间	5间	6间及以上
奥地利	2004		97	39	59	80	104	126	163
白俄罗斯	1999		50	34	48	63	77	95	127
保加利亚	2001		63	33	51	68	81	94	121
克罗地亚	2001		71	32	53	74	103	141	181
捷克	2001	1	84	39	59	76	99	126	153
丹麦	2005	2	111	38	63	88	114	144	196
爱沙尼亚	2000		60	30	47	65	91	112	155
芬兰	2000		76	30	43	59	80	106	141
法国	2002		90	29	48	70	90	109	147
格鲁吉亚	2002		96	39	60	83	113	127	153
德国	2002		90	…	…	…	…	…	…
匈牙利	2005		78	41	63	85	109	135	171
意大利	2001		92	38	53	69	88	109	154
哈萨克斯坦	2004		60	31	47	63	82	100	138
吉尔吉斯斯坦	2004		58	33	46	61	73	88	…
拉脱维亚	2003		57	36	54	74	80	110	130
立陶宛	2001		60	31	48	65	87	111	149
卢森堡	2001		126	29	51	68	90	116	166
摩尔多瓦	2004		61	26	46	65	81	98	127
波兰	2002		69	26	37	52	69	98	145
葡萄牙	2001	2	83	32	…	…	…	…	…
罗马尼亚	2002	2	45	15	26	39	52	67	91
塞尔维亚	2004		75	33	38	59	83	116	172

续表

国家	年份		住房平均面积 m^2	不同房间数量住房的平均有效面积 m^2					
				1间	2间	3间	4间	5间	6间及以上
斯洛伐克	2001	2	56.1	…	…	…	…	…	…
斯洛文尼亚	2002		114	40	66	94	134	169	201
西班牙	2001		93	45	59	72	79	87	122
土耳其	1994		95	38	61	84	102	118	147
土库曼斯坦	2002		98	53	62	111	…	…	…
马其顿	2002	2	72	30	48	65	79	116	…
乌克兰	2004		34	19	31	41	54	67	91
英国	2003		85	39	43	58	71	83	132
美国	2003		165	38	70	79	104	139	217
乌兹别克斯坦	1999		66.3	32.3	45.5	66.4	96	…	…

1. 数据为常驻居民住房统计；

2. 数据为平均居住面积。

资料来源：Bulletin of Housing Statistics for Europe and North America 2006

http：//www.unece.org/hlm/prgm/hsstat/Bulletin_06.htm

5.2 日本德国瑞典新建住宅的平均建筑面积

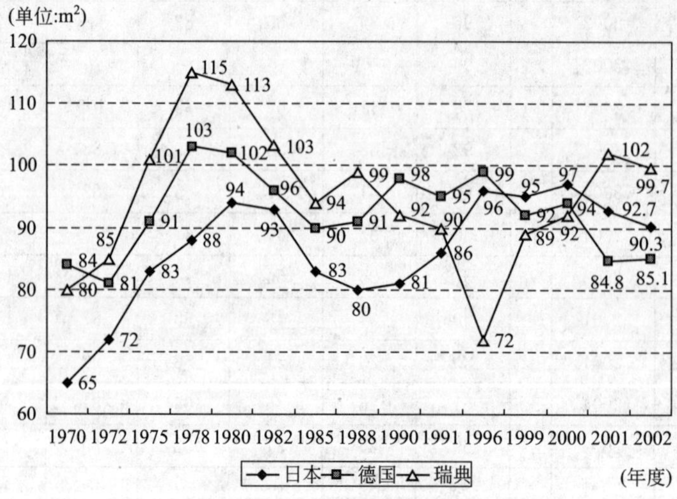

资料来源：亚太建设科技信息研究院　建设部住宅产业化促进中心　国内外住宅建设及我国住宅产业化发展对策研究　2005年6月

5.3 美英德法日五国每套住房平均面积（按墙体中—中计算）

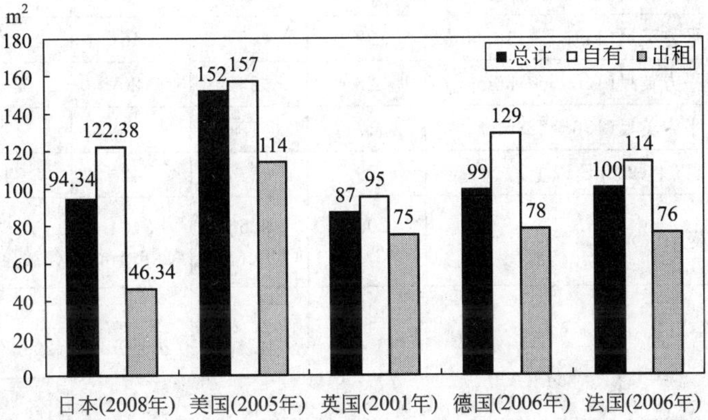

资料来源：日本　住宅经济数据集　2009

5.4 美国新建独户私有住房特征

特征 \ 年度	1990	2000	2005	2006	2007
新建总住房数（千套）	966	1242	1636	1654	1218
百分比分布(%)					
建筑类型	100	100	100	100	100
现场修建	—	94	96	95	96
标准组件安装	—	3	3	2	3
其他	—	3	2	2	2
外墙材料	100	100	100	100	100
砖	18	20	20	21	23
木材	39	14	7	8	8
灰浆	18	17	22	22	23
聚乙烯壁板	—	39	34	30	30
铝墙板	5	1	1	0	0
其他	20	7	16	18	16

续表

特征＼年度	1990	2000	2005	2006	2007
建筑面积	100	100	100	100	100
1200平方英尺以下(≤111.5m^2)	11	6	4	4	4
1200到1599平方英尺(111.5～148.6m^2)	22	18	16	14	14
1600到1999平方英尺(148.6～186m^2)	22	23	20	20	20
2000到2399平方英尺(186～223m^2)	17	18	18	17	17
2400平方英尺以上(223m^2以上)	29	35	42	44	45
平均值(平方英尺)	2080 (193.2m^2)	2266 (210.5m^2)	2434 (226.1m^2)	2469 (229.4m^2)	2521 (234.2m^2)
中间值(平方英尺)	1905 (177m^2)	2057 (191.1m^2)	2227 (206.9m^2)	2248 (208.8m^2)	2277 (211.5m^2)
楼层数	100	100	100	100	100
1层	46	47	44	43	43
2层及以上	49	52	55	57	56
混合层数	4	1	0	0	0
地基	100	100	100	100	100
全部或部分地下室	38	37	31	29	28
底板	40	46	53	56	54
设备空间	21	17	16	15	19
卧室	100	100	100	100	100
2室或以下	15	11	12	12	12
3室	57	54	49	49	50
4室或以上	29	35	39	39	38
卫生间	100	100	100	100	100
1个或以下	—	—	—	—	—
1½个或以下	13	7	4	5	5
2个	42	39	36	36	36
2½个或以上	45	54	59	59	59

续表

特征 \ 年度	1990	2000	2005	2006	2007
燃料	100	100	100	100	100
天然气	59	70	66	62	60
电	33	27	31	35	38
石油	5	3	2	1	1
其他	3	1	1	1	1
供暖系统	100	100	100	100	100
暖气炉	65	71	67	63	62
电热泵	23	23	29	33	34
其他	12	6	4	5	4
中央空调系统	100	100	100	100	100
有	76	85	89	89	90
没有	24	15	11	11	10
壁炉	100	100	100	100	100
无壁炉	34	40	45	47	48
1个或以上	66	60	55	53	51
停车设施	100	100	100	100	100
车库	82	89	91	91	89
车棚	2	1	1	1	1
无车库或车棚	16	11	8	9	9

资料来源：U. S. Census Bureau，"Characteristics of New Housing."
http：//www. census. gov/prod/www/abs/apart. html

5.5 日本新建住房每套平均面积

年度	新建住房每套平均面积（m^2/套）	自有住房	租赁住房	单位出租住房	出售住房
1984年	84.1	125.5	46.5	87.7	77.4
1985年	83.1	127.4	46.8	88.5	79.8

续表

年度	新建住房每套平均面积（m²/套）	自有住房	租赁住房	单位出租住房	出售住房
1986 年	80.9	130.2	45.7	88.0	81.5
1987 年	79.3	130.6	45.2	80.9	84.4
1988 年	80.1	131.3	47.1	74.4	88.3
1989 年	80.9	134.0	45.8	74.6	88.9
1990 年	80.8	136.8	45.1	71.3	83.7
1991 年	86.5	137.3	47.4	67.9	89.6
1992 年	85.7	137.5	48.7	69.3	90.3
1993 年	89.3	137.1	51.1	70.7	88.7
1994 年	93.3	138.8	52.9	71.6	89.2
1995 年	93.0	137.4	52.3	70.1	90.6
1996 年	96.3	141.0	53.0	70.6	93.1
1997 年	92.3	139.2	52.0	72.8	92.4
1998 年	94.1	139.0	51.2	75.2	92.8
1999 年	97.5	139.3	53.2	69.6	95.4
2000 年	96.9	139.0	53.0	71.7	97.5
2001 年	92.7	137.0	51.4	68.9	98.1
2002 年	90.3	135.8	50.0	72.1	96.1
2003 年	89.4	134.8	48.8	70.8	95.0
2004 年	88.5	134.2	47.4	68.9	95.9
2005 年	85.4	133.8	46.7	67.4	93.8

附图：日本新建住房每套平均面积

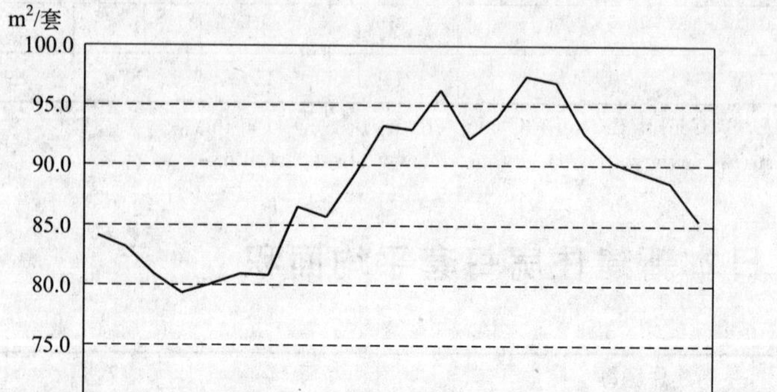

注：该图系由编者根据数据绘制

资料来源：日本总务省、国土交通省资料

5.6 日本第八个住房建设五年计划的居住水准

(1) 一般诱导居住水准

家庭人数	居住室面积(净面积)	住户专用面积(墙体中到中的面积)
1人	27.5m^2	50m^2
1人(单身中年人或老年人)	30.5m^2	55m^2
2人	43.0m^2	72m^2
3人	58.5m^2	98m^2
4人	77.0m^2	123m^2
5人	89.5m^2	141m^2
5人(包括1位老年人)	99.5m^2	158m^2
6人	92.5m^2	147m^2
6人(包括老年夫妇)	102.5m^2	164m^2

注：1. 标准的家庭构成指3人以上家庭，且有需要与夫妇分居的小孩；
2. 居住室面积包括：卧室、起居室、餐室、厨房(或餐室兼厨房)、富余房间。
3. 住户专用面积包括：卧室、起居室、餐室、厨房(或餐室兼厨房)、富余房间、厕所、浴室、贮藏空间等，但不包括阳台。

(2) 城市诱导居住水准

家庭人数	居住室面积(净面积)	住户专用面积(墙体中到中的面积)
1人	20.0m^2	37m^2
1人(单身中年人或老年人)	23.0m^2	43m^2
2人	33.0m^2	55m^2
3人	46.0m^2	75m^2
4人	59.0m^2	91m^2
5人	69.0m^2	104m^2
5人(包括1位老年人)	79.0m^2	122m^2
6人	74.5m^2	112m^2
6人(包括老年夫妇)	84.5m^2	129m^2

(3) 最低居住水准

家庭人数	居住室面积(净面积)	住户专用面积(墙体中到中的面积)
1人	7.5m^2	18m^2
1人(单身中年人或老年人)	15.0m^2	25m^2
2人	17.5m^2	29m^2

续表

家庭人数	居住室面积(净面积)	住户专用面积(墙体中到中的面积)
3人	25.0m²	39m²
4人	32.5m²	50m²
5人	37.5m²	56m²
6人	45.0m²	66m²

注：标准的家庭构成指3人以上家庭且有需要与夫妇分居的小孩；居住室面积包括：卧室及餐室兼厨房。住户专用面积包括：卧室、餐室兼厨房、厕所、浴室、贮藏空间等，但不包括阳台。

资料来源：日本　住宅·建筑手册　2003

5.7　日本居住面积水准的实现率

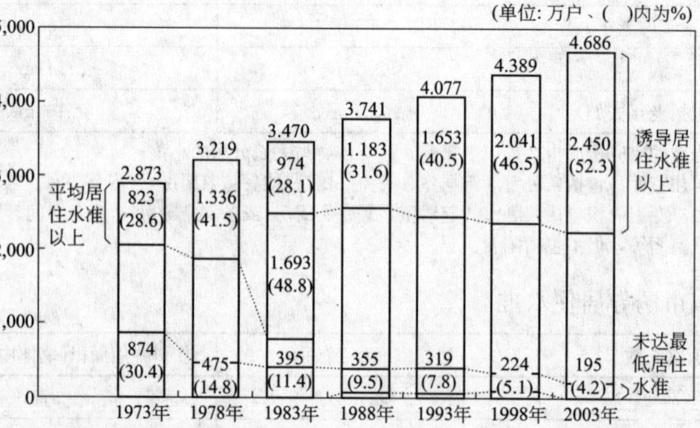

注：平均居住水准指4人家庭，86m²

最低居住水准指4人家庭，50m²

诱导居住水准指4人家庭，都市居住型91m²，一般型123m²

资料来源：住宅·土地统计调查(日本总务省)

5.8　日本居住生活基本计划的住房性能、环境与面积水准

住房性能水准

形成满足居民需要和社会要求，具有良好性能的住宅社会财产

1. 基本功能

(1)户型的构成和设备水准等；(2)集合住宅的共用设施。

2. 居住性能(满足居住者要求)

(1)抗震性等；(2)防火性；(3)防盗性；(4)耐久性；(5)维修管理的方便性；(6)保温性能等；(7)室内空气环境；(8)采光等；(9)隔声性；(10)高龄人的方便性；(11)其他。

3. 外部性能(满足社会要求)

(1)环境性能(节能、使用再生资源、减少拆除时的废弃物)；(2)外观等(与周边的和谐)。

住房环境水准

按照各地方的实际情况确保良好的居住环境

1. 安心与安全
(1)地震和火灾时的安全性；(2)自然灾害时的安全性；(3)日常生活的安全性；(4)防止环境障碍。
2. 美观与宽敞
(1)绿化；(2)街道宽阔和美观。
3. 持续性
(1)地方和周边的持续性；(2)减少环境负荷。
4. 日常生活的方便性
(1)高龄人、抚养小孩的家庭的方便性；(2)无障碍物设计。

居住面积水准

<table>
<tr><th colspan="3" rowspan="2"></th><th colspan="4">不同家庭人数的居住面积(单位：m^2)</th></tr>
<tr><th>单身</th><th>2人</th><th>3人</th><th>4人</th></tr>
<tr><td>最低居住面积水准</td><td colspan="2">根据家庭人数而设定的，为确保健康的、正常的生活而必需的居住面积水准</td><td>25</td><td>30
(30)</td><td>40
(35)</td><td>50
(45)</td></tr>
<tr><td rowspan="2">诱导居住面积水准</td><td rowspan="2">根据家庭人数而设定的，以富裕的生活为前提，为满足多样的生活习惯而必要的居住面积水准</td><td>都市居住型：设定为都市的集合住宅</td><td>40</td><td>55
(55)</td><td>75
(65)</td><td>95
(85)</td></tr>
<tr><td>一般型：设定为郊外和非都市的单户住宅</td><td>55</td><td>75
(75)</td><td>100
(87.5)</td><td>125
(112.5)</td></tr>
</table>

注：1.（　）内是有1名3～5岁儿童家庭的面积。
2. 2006年，日本颁布了《居住生活基本法》，上述居住生活基本计划是根据该法编制的，计划期为2006～2015年。

资料来源：日本　住宅经济数据集　2009

5.9 日本居住生活基本计划的成果目标(2006～2015年)

形成可留给下一代的优良住宅社会资产

1) 新抗震基准的合格率：75%～90%；
2) 集合住宅的共用部分的无障碍化设计率：10%～25%；
3) 具有节能措施的现有住宅比率：18%～40%；
4) 旧房改造率：2.4%～5%；
5) 建立合理的修缮公积金制度的优良集合住宅的比率：20%～50%

打造良好的居住环境

1) 重点密集市区的防火安全措施整备率：0%～100%；
2)地震时有危险的现有人工填地：1000处～500处

建设多样化的住宅市场环境

1) 新建住宅的性能表示率：16%～50%；
2) 既有住宅的市场投入率：13%～23%；
3) 延长住宅可使用寿命：30年～40年；
4) 有孩子家庭的住户推荐居住面积达标率：37%～50%(大城市)

解决困难人群的居住问题

1) 尽早消除未达到最低居住面积水准的比率(3人：$40m^2$，4人：$50m^2$)；
2) 高龄人、残疾人的住宅无障碍化率为：29%～75%

资料来源：日本　住宅经济数据集　2009

6　住房改造与维护管理

6.1　日本集合式住房建筑和设备的维护管理

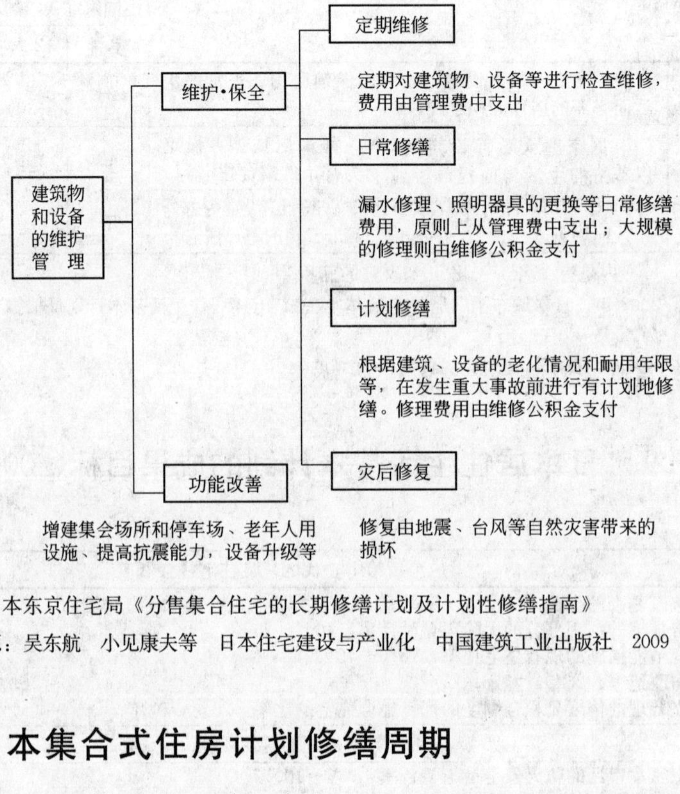

摘自：日本东京住宅局《分售集合住宅的长期修缮计划及计划性修缮指南》

资料来源：吴东航　小见康夫等　日本住宅建设与产业化　中国建筑工业出版社　2009

6.2　日本集合式住房计划修缮周期

修缮项目			修缮分类	建成年数(年)																				备注（修缮周期）
部位		材料		1	2	3	4	5	6	7	8	9	10	11	12	13	14	15	16	17	18	19	20	
建筑	屋顶	外露防水沥青	覆盖或更新												○									外保温20年
建筑	屋顶	防水沥青	覆盖或更新																覆盖				○	覆盖维修周期12年更新30年

续表

修缮项目			修缮分类	建成年数(年)																				备注（修缮周期）
部位		材料		1	2	3	4	5	6	7	8	9	10	11	12	13	14	15	16	17	18	19	20	
建筑	屋顶	瓦屋面（石棉水泥瓦）	修补																					
建筑	屋顶	PC屋面板防水	修补												○									
建筑	外墙	砂浆	修补、涂饰												○									
建筑	外墙	瓷砖	修补												○									
建筑	外墙	清水墙	修补、涂饰												○									
建筑	外墙	PC、HPC板缝的防水	更换												○									
建筑	天花板（顶棚）	灰浆	重新粉刷												○									
建筑	天花板（顶棚）	清水天花	重新粉刷												○									
建筑	地板	水泥砂浆	重新粉刷												○									
建筑	地板	双层地板	更换																		○			
建筑	地板	瓷砖	更换																				○	
建筑	阳台	防水	改善												○									
建筑	外部五金	铁制	重新粉刷				○				○				○				○				○	
建筑	外部器具	铁制	重新粉刷				○				○				○				○				○	
电器	电器设备	专用开关	更换																		○			
电器	电器设备	主开关	更换																		○			
电器	电器设备	公共配电盘	修补																		○			
电器	电器设备	照明（室外公共灯）	更换										○		○								○	
电器	电器设备	照明（室内公共灯）	更换										○		○								○	
电器	电器设备	控制器	修补															○						
电器	电视接收设备	天线	更换										○										○	
电器	电视接收设备	辅助装置	更换												○									
电器	电视接收设备	共听器件	更换																		○			
电器	电视接收设备	同轴电缆	更换																		○			
供水排水设备	供水设备	混凝土水池	重新粉刷										○										○	
供水排水设备	供水设备	钢制水池	重新涂装						○						○									
供水排水设备	供水设备	ERP水池	更换																					25年
供水排水设备	供水设备	供水泵	维修、更换								大修○							更换○						
供水排水设备	供水设备	各户水表	更换								○								○					
供水排水设备	供水设备	室外供水管	更换																○					氯化乙烯内套钢管20年

续表

修缮项目			修缮分类	建成年数(年)																				备注(修缮周期)
部位		材料		1	2	3	4	5	6	7	8	9	10	11	12	13	14	15	16	17	18	19	20	
供水排水设备	供水设备	室内供水管	更换																○					
	污水设备	排水共用竖管	更换																				○	浴室排水共用25年
		排水共用管	更换																				○	
		室内污水管	更换																					30年
燃气设备		室内燃气管	更换																					30年
		室外燃气管	更换																				○	
EV设备		升降式电梯	更换																					30年
消防设备		消防栓	维修、更换								大修○								更换○					
		室内消防栓配管	更换																					30年
		报警设备	更换																					24年
土木、造园		游戏设备	维修															○						
		渠	维修																				○	
		室外污水管	更换																					24年
		室外雨水管	更换																					30年
其他		信箱	更换																				○	

资料来源：吴东航　小见康夫等　日本住宅建设与产业化　中国建筑工业出版社　2009

6.3　欧美各国住房的改造与再生方式

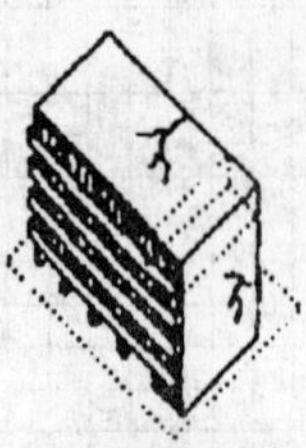
补修

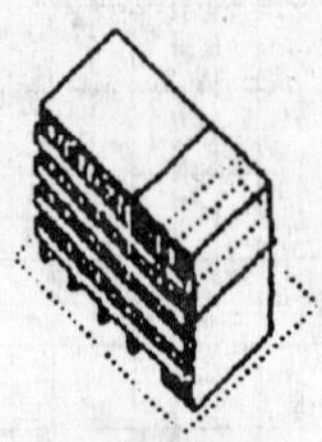
局部结构改造

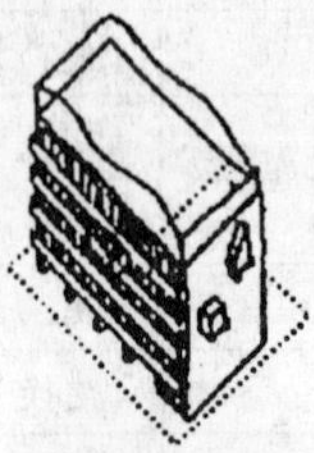
增建(住户部分)

改变建筑用途

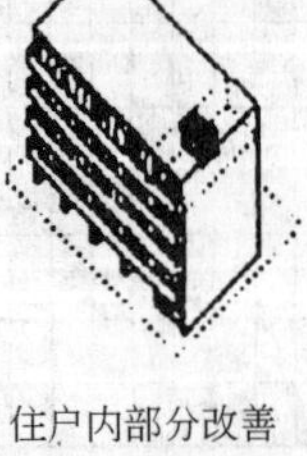
住户内部分改善

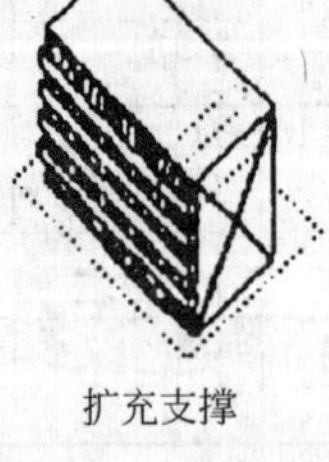
扩充支撑

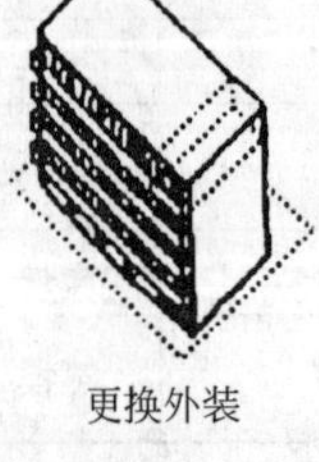
更换外装

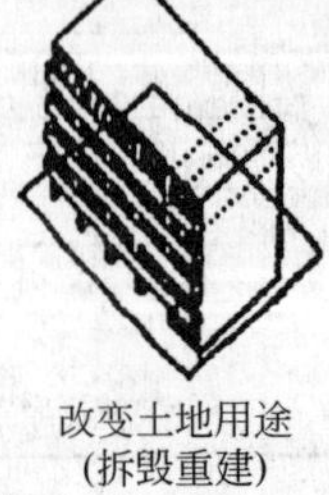
改变土地用途
(拆毁重建)

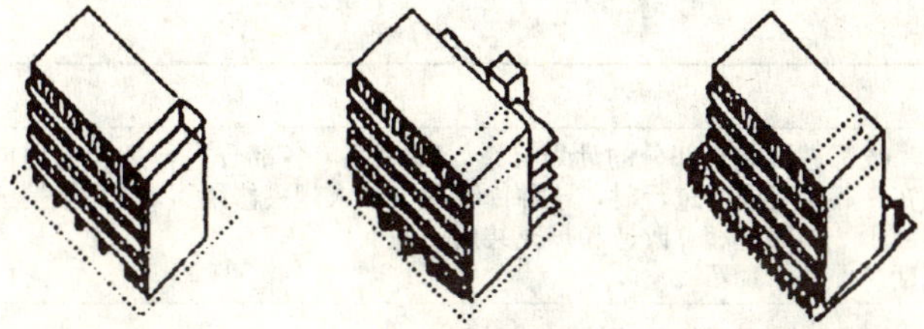

资料来源：童悦仲　娄乃琳等　中外住宅产业对比　中国建筑工业出版社　2005

6.4 日本集合住房的改造

(1) 户内改造

户内改造是日本最盛行的集合住宅再生方式。最大的原因是可以在住户的所有权范围内进行改造，不需要经过他人同意。户内部分改造可以边住边改造，大部分的内部改造都围绕厨、厕、浴室等用水部分进行，主要是更新设备。户内全面改造一般与既有住宅的交易有关。在日本的既有住宅交易中，不经过装修或改造，按原来的样子继续使用的情况很少。所以，不少的购买者都进行内部装修和更新设备，改变户型的情况也不少。近年来，改变了户型以后再出租的例子越来越多。随着小家庭的增加，比起房间的数量，居住者更喜欢宽阔的起居室和厨房、饭厅。下图就是都市再生机构(原住宅公团)进行的户内全面改造的案例。都市再生机构为提高市中心的租赁集合住宅的入住率，开始进行了大胆的户型改造。

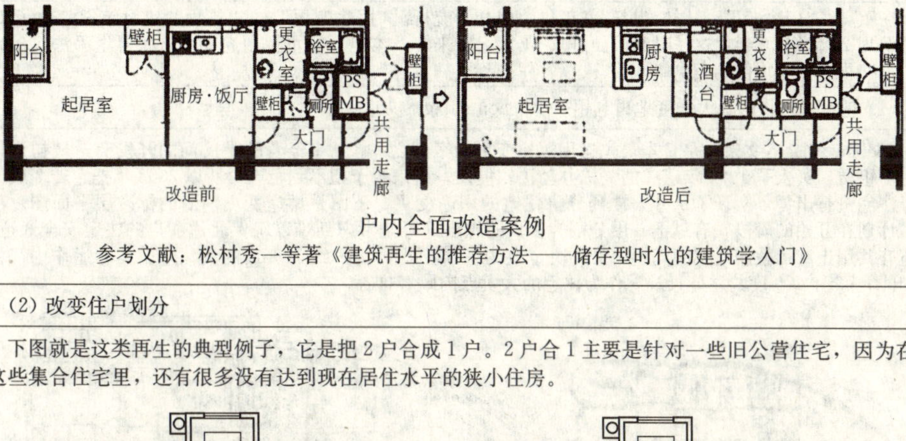

户内全面改造案例

参考文献：松村秀一等著《建筑再生的推荐方法——储存型时代的建筑学入门》

(2) 改变住户划分

下图就是这类再生的典型例子，它是把 2 户合成 1 户。2 户合 1 主要是针对一些旧公营住宅，因为在这些集合住宅里，还有很多没有达到现在居住水平的狭小住房。

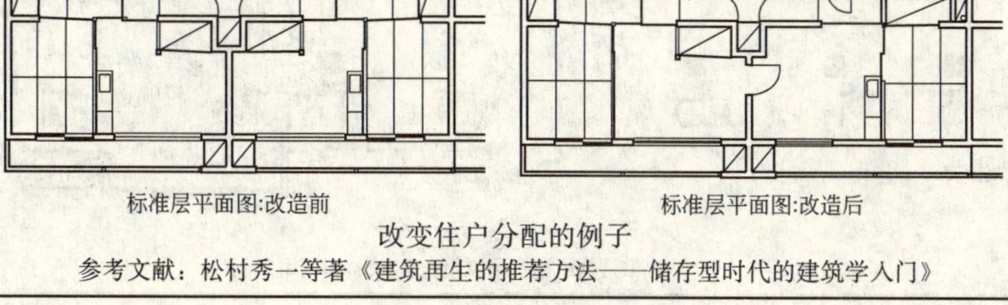

改变住户分配的例子

参考文献：松村秀一等著《建筑再生的推荐方法——储存型时代的建筑学入门》

续表

(3) 大规模修缮

现在的分售住宅一般都进行共有部分的计划修缮，即对住宅各部分进行适当的周期性维修。若干部位的维修时期重叠在一起，可同时进行时，这种修缮即为“大规模修缮”，基本上是按屋面防水的更新周期来计划的，相当于“加固”和“改造和扩充共用空间”。

大规模修缮还包括“外装修翻新”。

(4) 公营住宅的再生

日本最近把现有公营住宅改造作为公营住宅事业的一个支柱，所以公营住宅渐渐通过改造提高了居住水平。

日本国土交通省在2000年推出“现有公营住宅综合运用计划”，规定5种现有公营住宅的运用方法：①改建；②全面改造；③个别改善；④维护保全；⑤停止使用。其中，“全面改造”是新引入的方式，其内容包括只留下骨架，而进行以下全部项目的改造：

- 提高居住性：改变户型，改变热水供应方式，改建洗脸化妆台等设备；
- 适应高龄人：取消高度差，设置扶手、改修浴室、厕所，共用部分的适合高龄人的设施，设置电梯；
- 确保安全性：改善双向安全通道，厨房墙壁的不燃化，改修浴室、厕所，共用部分的适合高龄人的设施，设置电梯；
- 改善居住环境：外墙等的装饰，设置视听天线，改善景观，配置会议室、儿童游乐园等。

资料来源：吴东航　小见康夫等　日本住宅建设与产业化　中国建筑工业出版社　2009

6.5　日本非住宅建筑的用途变更案例

概述：

在欧美，“用途变更”从20世纪90年代中期开始流行。“用途变更”的建筑物的建设年份跨越了18世纪到20世纪70年代这一时间段。进入21世纪以来，日本也开始重视用途变更这一再生手法，出现了一些很有参考价值的案例。

(1) 现有建筑物的最大限度地再利用——Sebon Adagio 文京

“Sebon Adagio 文京”是日本最先运用用途变更的案例之一。从事经营的是民间的开发商，最初计划用于租赁，买入了1991年建成的一栋办公楼。但是，后来由于招不到租客，所以2003年把它转变成分售住宅进行出售，实现了从办公楼到分售住宅的用途变更。下图是用途变更前后的标准层平面图。项目计划在开始的阶段，有过把一层分割为多户的想法，可是考虑到难以确保北边住户的法定安全通道，还有共用走廊的使用效率的问题，最终决定改为一层一户，每户约170m² 的大住宅。实际运作中，将“开阔感”、“270度的立体景观”作为住宅的大卖点向顾客推荐。

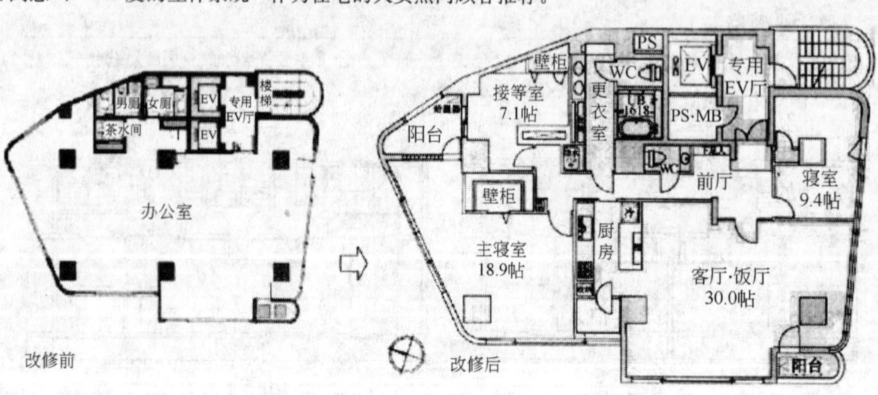

办公楼的用途变更案例(空调设备再利用)

续表

（2）建筑物立面焕然一新——Lattice 青山

“Lattice 青山”建于 1964 年，从办公楼转为家庭办公室(SOHO)。从这个事例可知，用途变更也可以作为房地产经营手段。经营者本来是出于拆除原有建筑进行改建的目的买入该土地，但是后来由于担心受到附近大规模再开发计划的影响，经营者改为在 10 年里把它改造为家庭办公室(SOHO)用于出租。

建筑物立面的设计非常巧妙。虽然看上去并不是昂贵的外部装修，但给人以焕然一新的感觉。它分成两部分：高层部分设置了作为法定安全通道兼空调设备的室外机放置场所的阳台，底层部分是方格式木制百叶窗。

（3）进行结构变更——悠枫园

“悠枫园”现在是面向高龄人的集合住宅，由原来的废弃百货大楼改造而成。原来的大楼建于 1981 年。悠枫园最大的特征是对结构进行了大胆的变更。再生工程分 1999 年和 2003 年 2 次进行，第一期是拆减，第二期是楼顶增建。

拆减是为了获得充分的日照。具体做法是，拆除南面的 1 跨，东西和西面拆掉外墙和楼板的一部分，里面空出一个半跨左右的开口，总面积减少了 2000m^2 左右，还必须增加新的抗震墙。

2003 年第二期工程是在楼顶增建供临时居住的房屋。因为用途从百货商店转变为集合住宅，楼板的设计活荷载由 2.9kN/m^2 减轻到 1.8kN/m^2，所以增建得以实现。

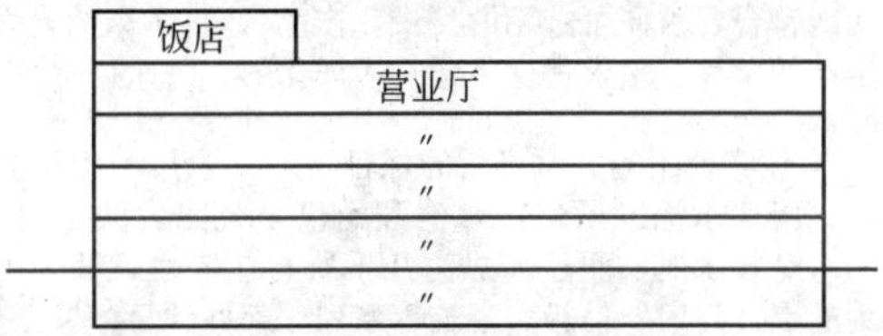

改修前

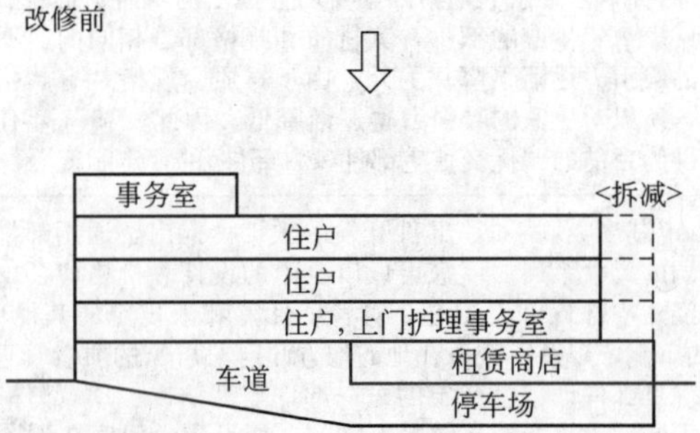

第一期工程完成后

（参考资料：佐藤考一《关联资料：日本的“由办公楼向住宅转换”案例》）

资料来源：吴东航　小见康夫等　日本住宅建设与产业化　中国建筑工业出版社　2009

7 住宅产业化与可持续发展住宅

7.1 日本住宅产业部件化的发展

部件化的含义	所谓“部件化”就是大力发展主体结构构件以外的通用部件。从用户角度看，通用部件是“具有一定功能、在社会范围内实行标准化(尺寸、性能等)、由两家以上厂家生产、具有互换性并可任意选用的产品”。从厂家角度看，它是“以非特定用户为对象按估量进行生产，并可不断向市场提供的符合标准要求的产品”。从设计角度看，它是“不限于特定类型建筑物，只要功能符合要求便可选用的目录化产品”。日本认为，发展通用部件是在满足建筑部件工业化生产的条件下来求得住宅建筑多样化的一条途径。
KJ部件	1959年，在日本住宅公团的大量订货的保证下，几家厂商根据公团提出的规格开发出了模压成型的不锈钢厨房水池。虽然该水池开始仅是公团内的专用部件，但由于质量稳定，价格低于原来的水磨石水池，而逐步成为几乎所有住宅建筑都采用的全国通用部件。以不锈钢水池部件为起点，门扇、信箱、浴缸等系列化部件(简称KJ部件)相继问世。 KJ部件是根据日本公共住宅规格部件委员会提出的材质、形状、规格和价格上限进行生产的。每一个厂家每年生产的部件，其材质和规格都是相同的，不能适应用户日益增长的需求，对用户的吸引力逐渐下降；另外，由于材质、规格是有严格规定的，厂家只能在价格上进行竞争，所以对厂家的吸引力也逐渐降低。因此，1974年住宅部件开发中心制定了以开发通用部件为目的的“优良住宅部件(BL部件)的审定制度”。
BL部件	BL部件的审定制度吸取了KJ部件开发的教训，提出了通用部件所应有的最低性能和应考虑的模数协调的尺寸系列，厂家可以以自由的设计和价格应征，并接受审查。应征厂家试制出的部件经住宅部件开发中心，对各项性能和未规定的其他项目(颜色、形状、施工性、价格等)的审定，以及厂家所在地的地方政府对厂家的质量管理体制和生产能力等审查合格后，发给优良部件证，生产出的每一部件上都贴以“BL部件”标签。在实行“BL部件”下，不仅不同厂家生产的部件是不同的，而且同一厂家在不同时期生产出的部件也是不同的。用户可以根据自己的爱好和使用目的，从具有不同性能、设计、价格的很多BL部件中进行选择。对厂家来说，也可采取提高质量、改进工艺等手段竞争。在人们对居住水平的要求不断提高的现代，为了能始终保持部件的信誉，住宅部件开发中心每3年对BL部件的性能和其他项目进行一次审查，对不合格者注销其优良部件证。 1977年在新建和改建住宅的总投资额中，部件的费用(包括部件的流通费和安装费)占20%～25%。
部件的集成化	20世纪70年代是住宅建设由量向质的转换期，装修和设备部品的生产量和种类都急剧增加，而且部件的规模趋向大型化和集成化。例如，集成式厨具系统将水、电、燃气等系统集成为一体，包含了洗洁、炊事、照明、排气、收藏等厨房的所有功能。它在现场的施工内容只有安装和连接水、电、燃气的接头，非常有效地减少了现场的劳动量并加快了施工速度。另一个有代表性的集成部件是单元式浴室。它是包括地板、天花和四周隔墙的一个完整的立方体，里面设有浴缸、淋浴设备、给排水、照明、换气空调等所有设备。最初它是为酒店建设开发的，20世纪70年代开始应用于住宅。到了20世纪80年代，它的销售量已超过了单体浴缸的销售量。现在新建的集合住宅的100%、单户住宅的90%都采用单元式浴室。

续表

<table>
<tr><td></td><td>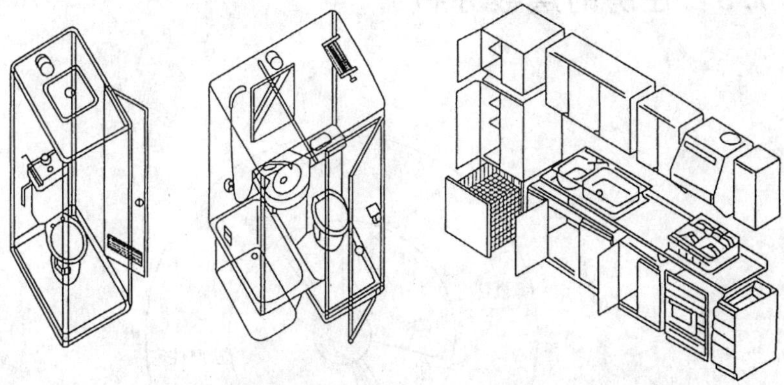
单元式厕所、单元式浴室和集成橱柜</td></tr>
<tr><td>部件的多功能化和智能化</td><td>首先，随着 1999 年《确保住宅品质促进法》的实施，不仅提高了对部件质量的要求，而且必须明确地表示其所达到的性能级别。其次，每年的新建住宅户数虽然仍高居不下，但住宅市场已呈饱和状态，市场的重心已开始转向旧房改造，部件的形式和种类也为适应其特点而发生变化。再次，节能、环保、满足高龄人、残疾人需求成为对部品开发的新要求。最后，随着数字技术的发展，住宅部件走向多功能和智能化</td></tr>
</table>

资料来源：建设部科技信息研究所　建设科技动态　1994 年 5 月
吴东航 小见康夫等 日本住宅建设与产业化 中国建筑工业出版社 2009

7.2　不同结构的住房户数

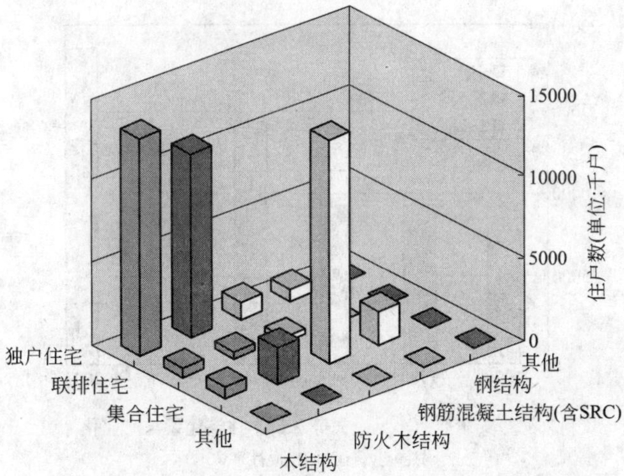

资料来源：吴东航　小见康夫等　日本住宅建设与产业化
中国建筑工业出版社　2009

7.3 住房的层数分布

（单位：千套）

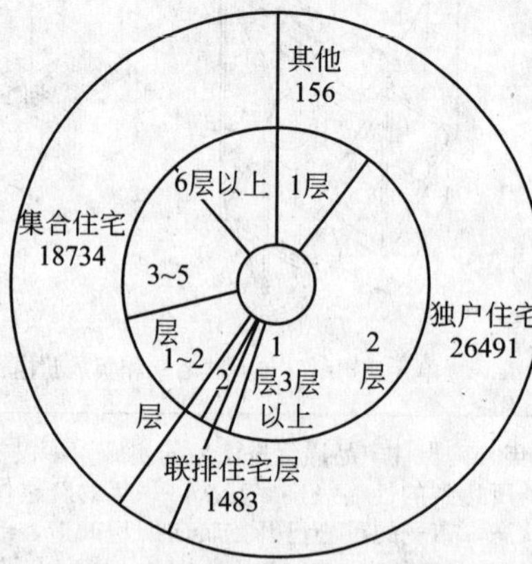

资料来源：吴东航　小见康夫等　日本住宅建设与产业化
中国建筑工业出版社　2009

7.4 集合住房层数的变化

（单位：千套）

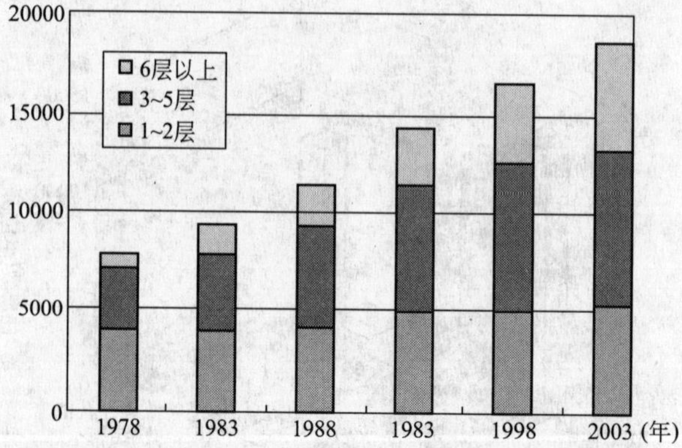

资料来源：吴东航　小见康夫等　日本住宅建设与产业化
中国建筑工业出版社　2009

7.5 集合住房的结构种类和采用频率

结构名	简称	不同规模住宅的采用频率			
		低层≤3	中层 4～11	高层 12～20	超高层>21
钢筋混凝土结构	RC	多	多	少	无
钢骨钢筋混凝土结构	SRC	无	少	多	少
高强度钢筋混凝土结构	H-RC	无	无	少	多
钢管混凝土结构	CFT	无	无	少	少
钢结构	S	多	少	少	少
木结构	W	少	无	无	无

总量的采用频率：RC>SRC>H-RC>CFT，S，W

资料来源：吴东航　小见康夫等　日本住宅建设与产业化　中国建筑工业出版社　2009

7.6 钢筋混凝土结构的形式和适用范围

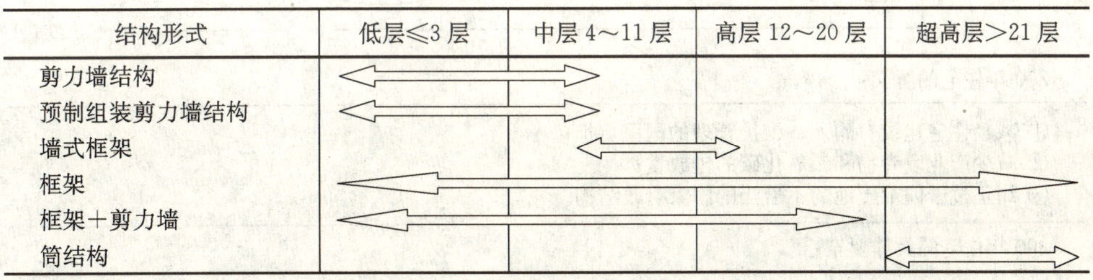

资料来源：吴东航　小见康夫等　日本住宅建设与产业化　中国建筑工业出版社　2009

7.7 日本能耗型 CO_2 排放量的部门构成

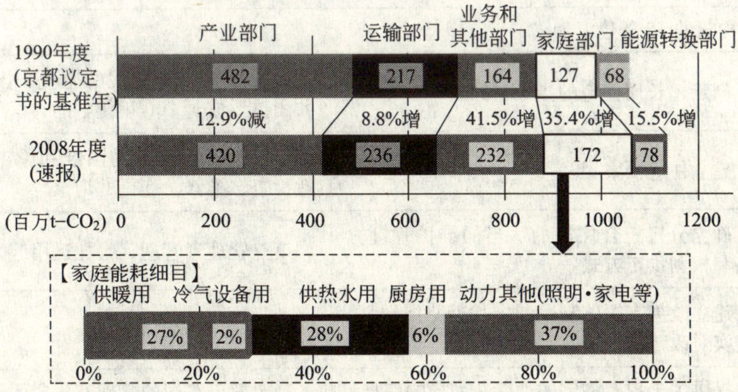

资料来源：第 15 届日中建筑住宅会议日方资料 2010 年

7.8 日本“200年住宅构想”

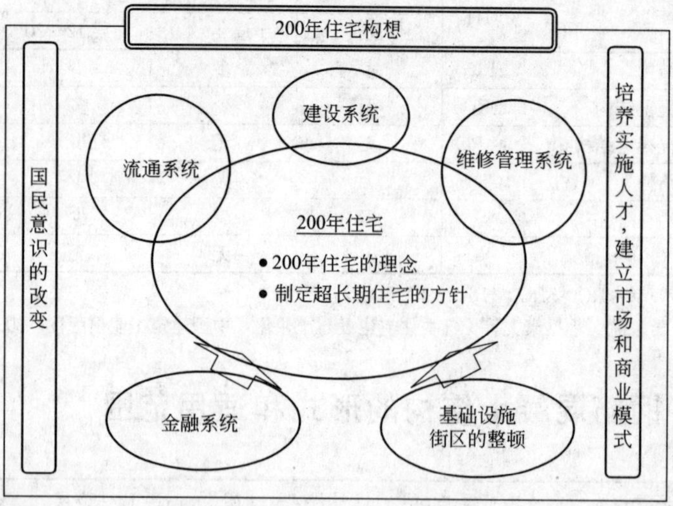

200年住宅的意义：

① 减轻住宅建设、购入、维护管理的国民负担；
② 减少产业废弃物和二氧化碳的排放量；
③ 纠正过于偏重土地的不恰当的国家财政结构。

200年住宅的具体要素：

① 把结构(Skeleton)与室内装修和设备(infill)分离，在确保结构的耐久性和抗震性的同时，提高室内装修和设备的可变性；
② 确保易于进行维护管理；
③ 具有能够沿用到下100年(一世代)的品质(节能性能、无障碍性能等)；
④ 实行计划性的维护管理(检查、修理、更换等)；
⑤ 考虑与周边街区的协调性。

200年住宅构想的12条建议：

1	制定超长期住宅的指导与针	让民众与住宅有关的企业、国家、地方公共团体形成对200年住宅的共识
2	建立住宅档案	不仅包括新建时的图纸和施工记录，还包括检查、维修、变更的记录
3	确立分售集合住宅的适当的维护管理方法和权利设定方式	第三管理者管理、信托运用等方式
4	建立改善支援体制，制定长期修缮计划，充实对改建的融资	
5	提供关于现有住宅的性能、品质的信息	制定简单客观的《现有住宅评价方法指南》
6	提供既有住宅交易的信息	交易价格等

续表

7	建立对移居和两地居住的支援体制，整备对移居的融资制度	
8	建立对建设或购买200年住宅(SI住宅)的融资制度	建立对skeleton的超长期贷款和对infill的中期贷款方式； 由公共团体通过运用期间所有权进行200年住宅的供应
9	建立考虑200年住宅的资产价值新的融资制度	高龄人可以以住宅作为担保申请生活资金贷款，死亡时以处置住宅作为返还
10	减轻200年住宅的有关税额	既有住宅交易时的消费税差别化； 探讨对200年住宅实行优惠税制
11	征集实现和普及200年住宅的引导模式的方案	
12	建设和维护良好的街区	灵活运用地区计划制度，培养可担任住宅区管理的人才

注：继SI住宅(骨架与填充体分离)、100年住宅体系后，日本于2007年推出了“200年住宅构想”，目的是形成超长期可持续循环利用的高品质住宅资产。“200年”是住宅寿命的象征性概念，而不是指具体的耐用年限——编者

资料来源：吴东航　小见康夫等　日本住宅建设与产业化　中国建筑工业出版社 2009

7.9 日本建筑节能标准

历次节能标准对建筑能耗要求的比较

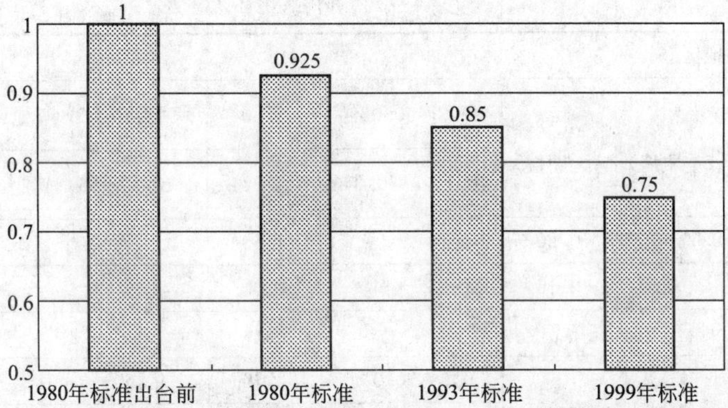

注：建筑节能标准包括与建筑设计、外墙设计(玻璃规格、保温材料的厚度)等有关的保温隔热标准“PAL”以及与建筑设备节能性能有关的标准“CEC”。“CEC”针对每个建筑设备制定标准“CEC/AC(空调设备)、CEC/V(电动换气设备)、CEC/L(照明设备)、CEC/HW(热水器)、CEC/E(电梯)”。对不同类型建筑(事务所、旅店、医院、百货商店、餐馆、学校、会所、工厂)分别制定了节能标准“PAL”和“CEC”。节能标准制定于1980年，1993年和1999年进行了两次修订。

建筑节能措施示意

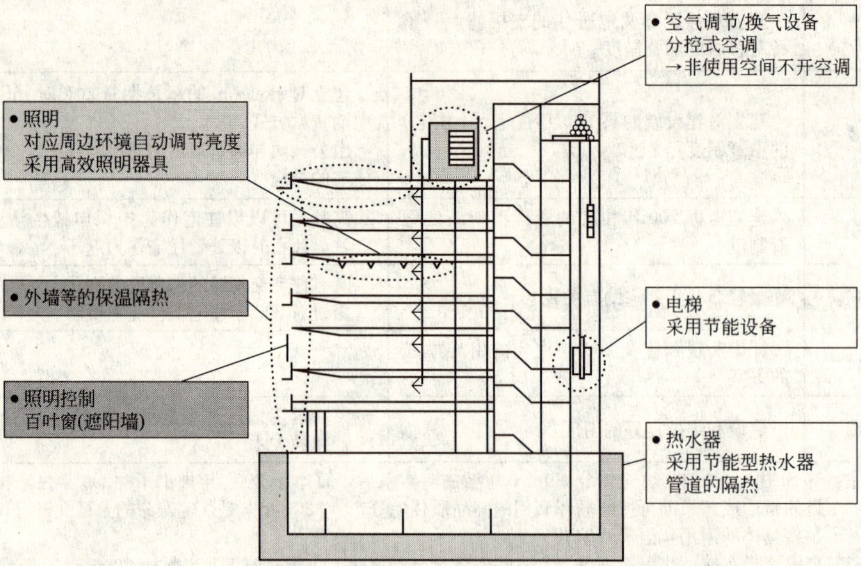

资料来源：第15届日中建筑住宅会议日方资料　2010年

7.10　居住建筑围护结构传热系数K限值与遮阳系数SC

国别	外墙 K	屋面 K	外窗		
			窗墙比	K	SC(由SHGC换算)
(1) 寒冷(B)地区					
美国 ASHRAE-90.1—2004 (表5.5-5)	0.51 (重质墙)	0.36 (无阁楼)	0%~40.0%	3.80	北：0.56；其他：0.45
			40.1%~50.0%	2.67	北：0.56；其他：0.30
德国	0.20~0.30	0.20		1.50	—
英国	0.35	0.16		2.00	—
(2) 夏热冬冷地区					
美国 ASHRAE-90.1—2004 (表5.5-3)	0.70 (重质墙)	0.36 (无阁楼)	0%~20.0%	3.80	北：0.56；其他：0.45
			20.1%~40.0%	3.80	北：0.45；其他：0.29
			40.1%~50.0%	2.67	北：0.30；其他：0.22
(3) 夏热冬暖地区					
美国 ASHRAE-90.1—2004 (表5.5-2)	0.86 (重质墙)	0.36 (无阁楼)	0%~40.0%	6.9~7.2	北：0.70；其他：0.29
			40.1%~50.0%	6.9~7.2	北：0.50；其他：0.20

注：为便于国内外比较，现摘引国内相关数据如下：

(1) 寒冷(B)地区

北京	外墙 K	屋面 K	外窗		
			窗墙比	K	SC(由 SHGC 换算)
JGJ 26—95 (节能目标 50%)	0.90～1.16	0.60～0.80	北：<25%，东、西：<30% 南：<35%	4.00～4.70	无规定
JGJ 26—2010 (4—8层) (节能目标 65%)	0.60	0.45	≤20%	3.1	东、西向/南、北向：—/—
			20%～30%	2.8	东、西向/南、北向：—/—
			30%～40%	2.5	东、西向/南、北向：0.45/—
			40%～50%	2.0	东、西向/南、北向：0.35/—

(2) 夏热冬冷地区

上海		外墙 K	屋面 K	外窗		
				窗墙比	K	SC(由 SHGC 换算)
JGJ 134—2001		1.0～1.5	0.8～1.0	0%～35%	4.7～3.2	无规定
				35.1%～50.0%	2.5	
JGJ 134—2010	体形系数≤0.40	1.0～1.5	0.8～1.0	≤0.20%	≤4.7	东、西向/南、北向：—/—
				0.20%～0.30%	≤4.0	东、西向/南、北向：—/—
				0.30%～0.40%	≤3.2	东、西向/南、北向：夏季≤0.40/夏季≤0.45
				0.40%～0.45%	≤2.8	东、西向/南、北向：夏季≤0.35/夏季≤0.40
				0.45%～0.60%	≤2.5	东、西、南向设置外遮阳：夏季≤0.25，冬季≥0.60
	体形系数>0.40	0.8～1.0	0.5～0.6	≤0.20%	≤4.0	东、西向/南、北向：—/—
				0.20%～0.30%	≤3.2	东、西向/南、北向：—/—
				0.30%～0.40%	≤2.8	东、西向/南、北向：夏季≤0.40/夏季≤0.45
				0.40%～0.45%	≤2.5	东、西向/南、北向：夏季≤0.35/夏季≤0.40
				0.45%～0.60%	≤2.3	东、西、南向设置外遮阳：夏季≤0.25，冬季≥0.60

(3) 夏热冬暖地区

深圳	外墙 K	屋面 K	外窗		
			窗墙比	K	SC(由 SHGC 换算)
JGJ 75—2003	2.0～1.0	≤1.0	0%～35.0%	无规定	0.4～0.9
			35.1%～50.0%		0.3～0.6

资料来源：郎四维　我国建筑节能设计标准限值与国外相关标准比较　建设节能减排技术与成果应用专家研讨会资料　2010 年 1 月

7.11 国外太阳能热水、供热供暖系统

7.11.1 几个国家每1000人的太阳能热水器的使用面积

国家	以色列	塞浦路斯	希腊	奥地利	土耳其	日本
每千人使用面积(m^2)	700	600	250	250	150	100

资料来源：郑瑞澄　太阳能供热采暖制冷综合利用技术 建设节能减排技术与成果应用专家研讨会资料 2010年1月

7.11.2 国外与建筑结合的太阳能热水系统

资料来源：郑瑞澄 太阳能供热采暖制冷综合利用技术　建设节能减排技术与成果应用专家研讨会资料　2010年1月

7.11.3 几个欧洲国家综合系统和家用热水系统的安装比例

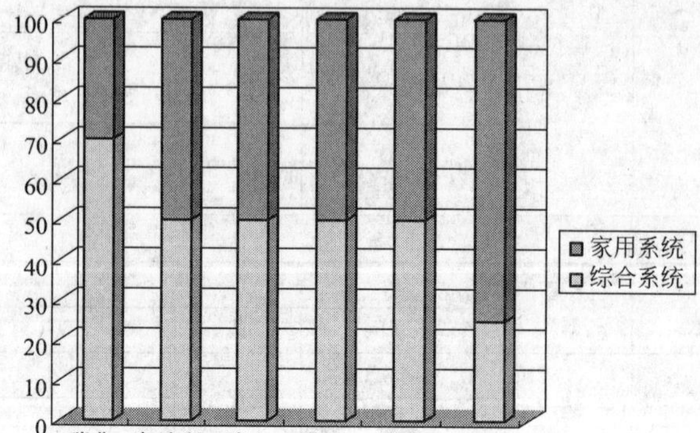

资料来源：郑瑞澄　太阳能供热采暖制冷综合利用技术　建设节能减排技术与成果应用专家研讨会资料　2010年1月

7.11.4 欧洲大型太阳能供热采暖系统

注：丹麦 Marstal，世界最大的太阳能供热系统，太阳能集热器设置在1.83万平方米的空地上，与社区热力网连接。

注：汉堡 Bramfeld 区域供热系统，124户联排别墅，年热负荷1550MWh；3000m^2太阳能集热器，年平均太阳能保证率50%，半地下4500m^3混凝土贮水箱季节蓄热；燃气锅炉辅助加热。

资料来源：郑瑞澄　太阳能供热采暖制冷综合利用技术　建设节能减排技术与成果应用专家研讨会资料　2010年1月

7.12 日本长期优良住宅认定标准

性能项目	概要	对应的住宅性能评价
抗老化对策	住宅的结构主要构件可经数代人的使用，在正常的维修管理条件下，住宅的主要构件至少可以使用100年以上	抗老化对策等级3＋alpha

续表

性能项目	概要	对应的住宅性能评价
抗震性	针对数百年一遇的地震，减少结构损伤的程度，对于大规模的地震，结构的变形应满足一定的限制	防止倒塌抗震等级 2 级
维修管理更新的便利性	比结构主要构件寿命短的内部装修、设备管理的便利性。比如，给排水管道的定期检查和修理	维修管理便利性（专用配管、共用配管）3 级 更新对策等级（共用给排水管道）3 级
可变性	根据生活方式的改变能方便地修改住宅的平面布置	更新对策（住户专用部分）天井高 2.65m 以上
无障碍设施	根据未来的需要可以改造为无障碍出入。共用的走廊、楼梯和电梯可改造为无障碍出入	对高龄者和其他特殊需要的居民的考虑对策（共用部分）3 级
节能性	必要的隔热性能等	节能性等级 4
居住环境	和周边环境的协调	无
住户面积	确保良好的居住水准，集合住宅 $55m^2$ 以上，独立式住宅 $75m^2$ 以上	无
定期检查维修计划	定期检查	无

注：日本国土交通省于 2009 年 6 月 4 日开始实施《长期优良住宅普及促进相关法律》。该法是为了能有效地利用住宅、最大限度地延长住宅的寿命而设立的，以此促进“长期优良住宅”的普及，减轻环境的负担，建立高质量的在用和待用住宅。该法对住宅结构的抗震性能、维修管理便利性、更新灵活性、残疾人无障碍设施、节能性等给予一定基准的认定，满足条件的长期优良住宅可以享受税收优惠待遇。

资料来源：吴东航　小见康夫等　日本住宅建设与产业化　中国建筑工业出版社　2009

7.13　日本建筑物综合环境性能评价体系“CASBEE”

7.13.1　CASBEE 建筑物全寿命评估工具

	主要使用者	方案设计阶段	设计阶段	后设计阶段		
		规划阶段	设计阶段（初步设计、施工图设计）	完成阶段	运行阶段	改造阶段
工具 0. 方案设计工具 应用于新建建筑	甲方、规划师、建筑师	评估规划阶段研究的相关问题（包括项目选址和规划）	评估方案设计阶段需要考虑的问题	工具0		

续表

	主要使用者	方案设计阶段	设计阶段	后设计阶段		
		规划阶段	设计阶段（初步设计、施工图设计）	完成阶段	运行阶段	改造阶段
工具1. 新建筑设计工具 应用于新建建筑	甲方、建筑师、结构师、设备工程师		评估设计阶段研究的相关问题 1）能源使用效率 2）资源使用效率 3）本地环境 4）室内环境	评估细部设计阶段研究的相关问题（包括设计的修改，直到整个设计过程结束）	工具1	
工具2. 即存建筑工具 应用于建造完成投入使用的建筑	甲方、建筑师（甲方委托建筑师进行自评，然后向相关部门申请评估。）			在建造完成初期，利用DIE工具进行评估，得出粗略的BEE值	在投入使用一年或者更长时间之后，对其运行效果进行评估，给出相应的经济标签	工具2
工具3. 改造工具 应用于建造完成投入使用的建筑	甲方、建筑师（甲方委托顾问进行评估）		工具3	在投入使用十年或者更长时间之后，对其运行效果进行评估，给出相应的经济标签	在建筑投入使用后，评价改造设计	

注：CASBEE(Comprehensive Assessment System for Building Environmental Efficiency)是2001年日本国土交通省推出的一项评价体系。

7.13.2 CASBEE对规划、设计和建筑设备的要求

CASBEE对城市规划的主要要求

(1) 保护与营造新建筑周围的地域生态环境和文化环境：在“Q3室外环境”指标中提出“对周边生物环境实施调查，保护既有地形、地表土壤、树木、水面，保障动植物生息环境的监测与管理计划，提高居民与生物的接触机会。”关于地域文化环境，CASBEE在“Q3室外环境”指标中提出“考虑对当地原有文化的继承；营造居住者与当地社区的交流场所。”把保护、发展和创造地域文化作为绿色建筑的内涵，是CASBEE体系的特色。

(2) 减轻新建筑建造引起的地域环境负荷：例如，在“LR3建筑用地外环境”指标中提出“利用屏障和树木等阻隔噪声向邻近地区的传播；合理的选择停车场位置；把可能成为恶臭发生源的建筑设置在对相邻地区没有影响的地方。”

续表

CASBEE 对建筑设计的主要要求
（1）舒适健康的室内物理环境：在"Q1 室内环境"指标中，对建筑室内的声、光、热环境提出了基于人的主观感受舒适性和人体健康要求的一系列评价指标。 （2）重视建筑的耐久性、灵活性与适应性："Q2 服务质量"指标中提出考察"建筑物的功能性与易操作性；建筑物与设备的协调能力；抗震性能；部件与材料的耐用年限。"。 （3）重视建筑使用者的主观心理感受："Q2 服务质量"指标中提出考察"建筑的开阔感与景观、休闲空间和内装修方案。" （4）从建材含能的角度考虑建筑材料的选择和再利用：所谓含能，是指生产建筑材料全过程中所消耗能量的总和。 （5）避免由于建筑材料选择不当造成的环境污染：在"LR2 资源与材料"指标中提出"使用对健康无害的材料"，并给出了在日本化学物质排放管理促进法中指定为不含有害物质的建材。
CASBEE 对建筑设备的主要要求
（1）重视各类建筑设备的耐久性和可靠性：在"Q2 服务质量"指标中提出评价"管道与线材、各类机器设备的更新周期。"更新周期越长，建筑设备的耐久性越好。关于建筑设备的可靠性，主要要求对空调和通风、给排水和卫生、电器等各类设备进行分区管理，设有紧急备用设备，当灾害发生时，不致使整个建筑陷入瘫痪状态。 （2）重视各类建筑设备的节能设计、可再生能源利用和减少资源消耗：在"LR1 能源"指标中提出利用 ERR 值评价通风设备、照明设备、热水供应设备和电梯设备的能源消耗。所谓 ERR 值，是指建筑物的能耗降低率。 （3）减少建筑设备可能造成的环境污染：在"LR2 资源与材料"指标中提出"避免使用氟利昂与哈龙。"在"LR3 建筑用地外环境"指标中提出"减少由于建筑设备运行造成的空气污染，降低噪声与震动，防止照明设备光污染。"

7.13.3 以环境效率 BEE 为基础的 CASBEE 环境评价等级

［BEE：Building Environmental Efficiency］

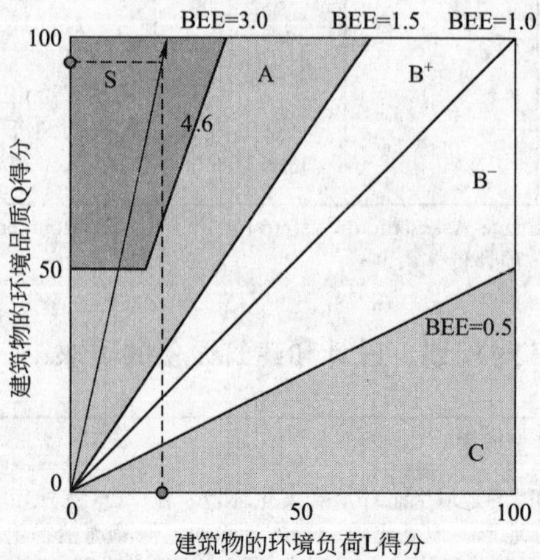

S—优秀，A—优良，B+—良，B−—略差，C—差

注：CASBEE 从两个方面进行评价，一方面是建筑物和用地内部环境品质 Q（积极影响），另一方面是用地对外部产生的环境负荷 L（消极影响）。将 Q/L 值作为环境效率（BEE），并分为 S、A、B+、B−、C 五个等级进行评价。

资料来源：建築環境・省エネルギー機構：環境共生住宅認定制度のご案内（谢丽宇提供）。

7.14 英国可持续住宅规范2008评价体系

7.14.1 可持续住宅规范2008评价指标

评价领域	评 价 内 容
能源/CO_2	2006版建筑规范标准规定的目标排放率
	建筑构造
	内部照明
	晾衣处
	生态标签的白色家电
	外部照明
	低碳或零碳能源技术
	自行车棚
	家庭办公室
水资源	内部饮用水的消耗
	外部饮用水的消耗
材料	材料的环境影响
	可靠的材料来源——主要构件
	可靠的材料来源——装饰部位
地表水径流	减少地表水径流
	洪水风险
废弃物	家用再循环处理设备
	建筑垃圾
	堆肥设施
污染	隔热材料导致全球变暖的可能性
	一氧化二氮排放
健康和舒适	日光
	隔声
	私密空间
	房屋寿命
管理	住户指导
	周到的建设者方案
	建筑场地影响
	安全

续表

评价领域	评 价 内 容
生态	场地的生态价值
	生态强化
	生态特征的保护
	场地的生态价值的改变
	建筑占地面积

7.14.2 可持续住宅规范评价分类及评分权重

评价领域	评价分值	权重(%)
能源/CO_2	29	36.4%
水资源	6	9.0%
材料	24	7.2%
地表水径流	4	2.2%
废弃物	7	6.4%
污染	4	2.8%
健康和舒适	12	14.0%
管理	9	10.0%
生态	9	12.0%
总分	104	100.0%

7.14.3 可持续住宅规范等级规定的能量/二氧化碳排放、水资源最低标准

规范等级	最低标准				其他需要的分数
	能量		水		
	标准(高出L1 2006的百分比)	得分	标准(每人每天的升数)	得分	
1(★)	10	1.2	120	1.5	33.3
2(★★)	18	3.5	120	1.5	43.0
3(★★★)	25	5.8	105	4.5	46.7
4(★★★★)	44	9.4	105	4.5	54.1
5(★★★★★)	100	16.4	80	7.5	60.1
6(★★★★★★)	零含碳量	17.6	80	7.5	64.9

7.14.4 达到可持续住宅规范六星级标准的条件

1. 房屋使用时零碳排放，从以下方面满足要求
(1) 围护体系保温性能非常好； (2) 墙板传热系数≤0.8W/(m^2·K)； (3) 采暖、热水、照明、风扇、水泵均利用可再生能源； (4) 其他低碳特征得分
2. 每人每天的内部饮用水消耗量［升/(人·天)］不超过80L，从以下方面满足要求
(1) 水循环利用； (2) 使用精确的水量计算器
3. 材料的环境影响，建筑物中屋盖及其面层、外墙、顶层楼盖、内墙、门窗五个关键部分中至少要有三个达到英国建筑研究中心2006版绿色指导(Green Duide)中D级
4. 地表水径流，要保证径流量低于已开发的场地以前的状况，且处于洪涝灾害小的地方
5. 废物，住所里有废品箱的体积要满足最小标准要求，场地废物要有管理计划
6. 还要获得其他需要的分数(86%)

资料来源：Code for Sustainable homes-doc.(英国可持续住宅规范)(陈瑛提供)

7.15 美国绿色建筑协会 LEED for Homes 2008 评价体系

7.15.1 LEED for Homes 评价分类具体内容

评价分类	具体内容
革新设计	集合工程规划
	耐久性管理
	地域性设计
位置和交通	LEED社区开发
	场地选择
	理想位置
	基础设施
	通讯
	宽阔空间可接近性
可持续场地设计	场地管理
	景观
	局部热岛效应
	地表水管理
	无毒害虫控制
	紧致开发

续表

评价分类	具体内容
有效利用水资源	用水
	灌溉系统
	室内用水
能源和大气	优化建筑能效
	水加热
	制冷剂充注管理
材料和资源	节约材料的建筑框架
	环保产品
	废弃物管理
室内环境质量	“能量之星”气密性规定
	燃气通风
	湿度控制
	室外空气流通
	局部排风
	采暖、空调空间分配
	空气过滤
	污染控制
	防辐射
	车库污染防控
意识和教育	住户教育
	建筑管理教育

7.15.2 LEED for Homes 评价分类及评分条款数目所占分值

评价分类	必须指标(个)	最低分要求	可获得的最高分
革新设计	3	0	11
位置和交通	0	0	10
可持续场地设计	2	5	22
有效利用水资源	0	3	15
能源和大气	2	0	38
材料和资源	3	2	16
室内环境质量	7	6	12
意识和教育	1	0	3
总计	18	16	136

7.15.3 LEED for Homes 认证级别与所需要的分数

认证级别	认证	银奖	金奖	白金奖
所需要的分数	45～59	60～74	75～89	90～136

资料来源：LEED for Homes Rating System(陈瑛提供)

7.16 加拿大绿色建筑 GBTOOL 2005 评价体系

7.16.1 GBTOOL 2005 评价指标

(1) 场地选择、开发计划与发展，包括场地选择、开发计划、都市设计与场地发展。

(2) 能源与资源消耗，包括建筑物生命周期中主要能源总和、建筑物使用时高峰用电时段需求、再生能源、建筑设备运行、材料、饮用水六个评估细项。

(3) 环境负荷，包括温室气体排放量、其他气体的排放、固体废弃物、场地影响、地区性的影响(在建造过程中，对所在地生态系统的影响；在高楼周边的风环境；对邻近住户采光的影响；对邻近住户冬季日照的影响；建筑噪声对邻近住户的影响；湖水域地下蓄水层热利用时的环境影响)等评估细项。

(4) 室内环境质量，包括空气质量、通风、温度与湿度(住宅主要房间的温度；住宅主要房间的平均辐射温度；住宅主要房间的温度和相对湿度；住宅主要层面的空气流动)；采光、照明、噪声和隔声(建筑外围护结构的隔声；建筑设备噪声；住户间的隔声)、电磁波干扰等评估细项。

(5) 功能性与操作性，包括空间使用率、停电时维持的基本性能、操作性，共三个评估细项。

(6) 耐久性，包括建筑物外观维持、弹性与更新可行性、运营管理维护，共三个评估细项。

(7) 社会与经济方面，包含成本与经济、社会等评估项目。

7.16.2 GBTOOL 2005 评价方法

各评估项目得分乘以各项权重，最后将各项加权后得分合计，即为建筑物的评价结果。评分范围为－1～5 分，其中；5 分代表了高于当前建筑实践标准要求的建筑环境性能；1～4 分代表了中间不同水平的建筑性能表现；0 分，基准指标，是在本地区内可接受的最低要求的建筑性能表现，通常是由当地规范和标准规定的；－1分，不合要求的建筑性能表现。这种相对的评价尺度有助于GBTOOL在国际上的推行，不同的国家或地区可以结合自己的实际情况和要求进行重新设置。

GBTOOL 评价项目与内定权重

评价项目	内定权重	平均得分
场地选择、开发计划与发展	20%	－1～5
能源与资源消耗	15%	－1～5
环境负荷	10%	－1～5
室内环境质量	15%	－1～5
功能性与操作性	15%	－1～5
耐久性	10%	－1～5
社会与经济方面	15%	－1～5

注：GBTOOL 于 1998 年开始实施，2002 年 9 月在挪威的第二次可持续建筑国际研讨会上以各国的实际实施案例进行 GBTOOL2002 成果交流(各国参与整体建筑环境评估的案例，包括法国、意大利、挪威、西班牙、瑞典、以色列、加拿大、美国、日本、韩国、澳大利亚、巴西、智利等国家)。2003～2004 年可持续建筑国际会议将 GBTOOL2002 修订为 GBTOOL2005 版，除了修订部分评估项目和权重，还考虑建筑物生命周期的阶段性评估，可分场地开发阶段、规划设计阶段、施工阶段及使用阶段分阶段评估。GBTOOL2005 适于办公、学校、医疗机构、公共建筑、旅馆、商店、住宅等。

资料来源：The State of Energy Efficiercy in Canada，Office of Energy Efficiercy Report 2006(陈瑛提供)

7.17 日本松下提出的生态房屋理念

到 201x 年(2010 年后若干年)实现二氧化碳近于零排放的生活方式(3～5 年的设想)

设定 1990 年二氧化碳排放量为 100%，到 201x 年通过家电和住宅设备的节能将二氧化碳排放量降至 35%，再通过燃料电池、太阳能发电和蓄电池实现二氧化碳零排放。

目标

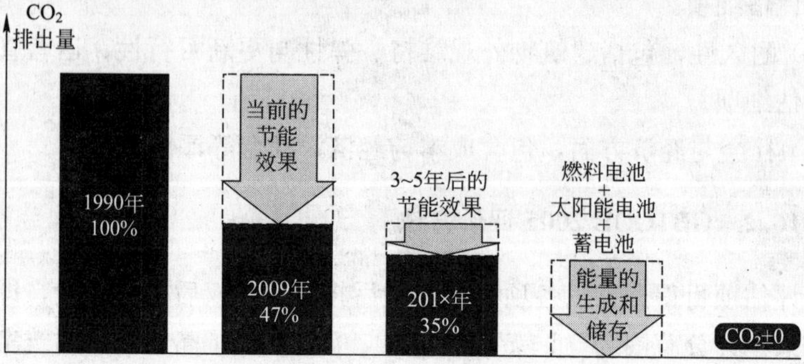

续表

措施	风的利用 ① 生态生活通风系统 这是一种自然和机械通风相结合的复合动力空气调节系统。在夏季，通过起居室的通风塔从下一层输送冷风，在冬季则输送来自下一层的暖风，从而实现有效的节能通风。 ② 空调器 空调通过传感器监测房间里静止和运动的人，从而输送最佳气流。比如它给一个正在读书的人输送充分的暖风，而给正在做家务的人输送适当的暖风。当房间没有人的时候它就会自动关闭。 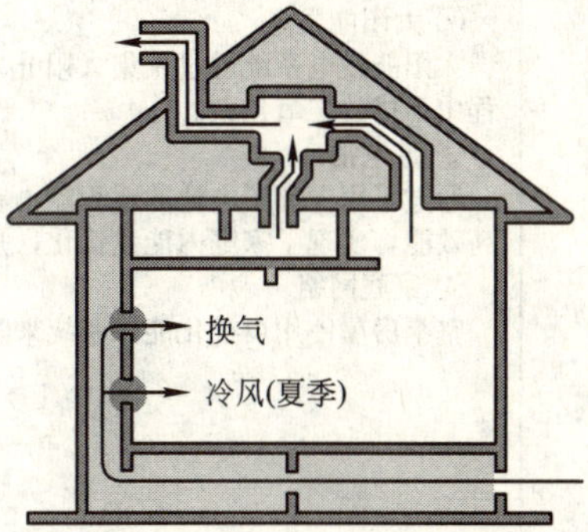
	光的利用 通过合理使用自然采光和控制每一个生活场景的光线实现二氧化碳排放量的降低。 ① 照明设计 控制调节灯的最佳亮度。从天花板和墙体引进阳光。 ② LED 照明 LED 照明消耗能量少，可降低二氧化碳排放。它有很长的寿命，几乎不需要更换。
	水的利用 ① 斜桶式洗衣机/烘干机 通过倾斜洗衣桶从根本上减少了洗衣用水。生态洗衣机/烘干机使用加热管技术快速烘干衣物从而节省电费。 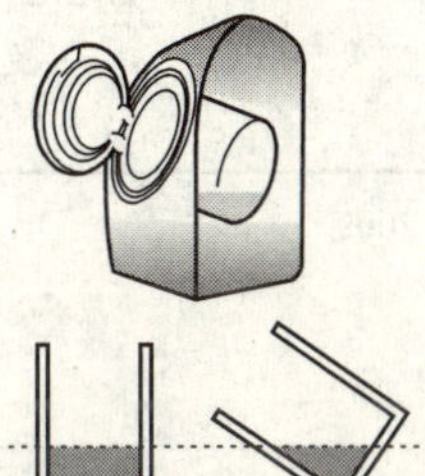  ② 有机玻璃材料技术 这种不易磨损可触摸的材料被用在厕所和浴缸等设施上。由于这种材料可以长期保持清洁，因此它降低了清洗频率从而达到节水效果。
	热的利用 ① 真空绝热板 这种真空绝热板现在已广泛应用，从冰箱、罐、壶等家庭应用到住宅设备(如浴室)和建筑材料。松下研制的 U-Vacua 真空绝热板通过提高绝热性能节省能量。 ② 热泵技术 空气中的热量聚集、传递和使用在冰箱、空调、洗衣机/烘干机和热水器上。
	能量生成和储存 ① 燃料电池 家用燃料电池使用城市天然气和空气发电，同时它也像使用电一样加热烧水，用于洗浴和地板采暖。

续表

措施	② 太阳能发电 太阳能发电系统通过聚集太阳光发电，因为它不使用石油或者其他化石燃料，因此在发电过程中不排放二氧化碳。 ③ 蓄电池 通过采用锂离子电池的蓄积能力将大量能量存储在一个小的机身内，这个体系实现了紧凑和高效能，实现了家庭内能量优化，是太阳能电池和生物电池的备份。 ④ 家庭网络 整个房屋使用可视化能源系统来降低二氧化碳的排放。 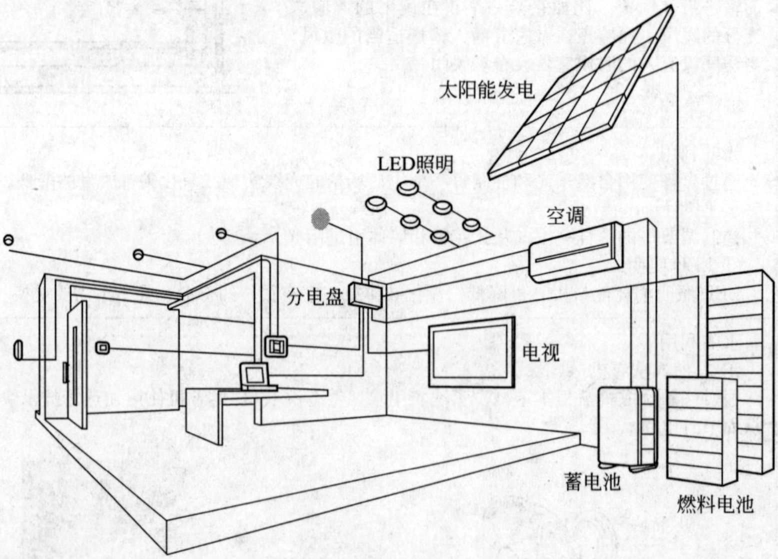

资料来源：日本松下　ECO IDEAS HOUSE 展会资料　2009

8 公共住房政策与住房立法

8.1 美国公共住房政策与住房立法

8.1.1 美国公共住房政策

美国从20世纪30年代开始实施公共住房保障政策。概括地说，20世纪30～60年代，以政府投资建设公共住房为主(经历了曲折的发展道路)；20世纪60～70年代，实施发展商建房补贴计划；20世纪70年代以后实施租金优惠券和租金证明计划。

年代	背景	主要政策和措施	实施结果
1929～1945	1929年经济危机爆发，给美国社会各方面造成灾难性的影响。城市普遍出现严重的住房短缺，建筑业几乎处于停滞状态，失业严重，在许多城市引发社会动荡。城市房屋建设数量下降约90%，近200万户居民无力偿还贷款而面临丧失住房产权的危险，约1600家银行因无力回收贷款而破产。因此，政府不得不设法通过对住房建造业的干预来振兴经济。	● 20世纪30年代上半期，住房政策主要针对面临失去抵押权的自有住房者(30年代初，有50%的抵押贷款面临到期而无力偿还)。根据1931年《联邦住宅贷款法》，建立了12个住宅贷款银行，为濒于破产的储蓄和贷款协会、银行和保险机构等借贷机构提供贷款。 1932年颁布《住宅贷款法》，并据此建立了住房自有者贷款协会。 1934年颁布《国家住宅法》。 ● 随着城市中产阶级住房危机趋缓，罗斯福政府着手解决城市贫困居民住房问题。1937年国会通过新的住宅法(瓦格纳法)，将发展公共住宅作为一项独立的措施，其目的是解决低收入阶层的住房需求，建设运作模式是“联邦拨款资助，地方具体实施”，从此美国公共住宅建设进入实质性发展阶段。	● 1931年住房贷款法，使金融机构脱离了风险，但未达到挽救住房自有者的目的。根据1932年住房自有者贷款法建立的住房自有者贷款协会发挥了较好的作用，到1936年失去抵押权的住房自有者比率大大降低，该协会为1/5美国家庭提供了帮助。 ● 由于第二次世界大战的爆发，这一阶段公共住房建设的时间不长，规模也不大，但由政府资助提供的住房在一定程度上缓解了低收入居民住房短缺矛盾，在摆脱经济危机、复兴建筑业等方面起到了积极的作用。

续表

年代	背景	主要政策和措施	实施结果
1945至20世纪60年代上半期	二战结束后，美国中心城市的衰败依旧，再加上战后军人大规模复员和军工企业裁员，房荒问题凸显，恢复公共住房建设的问题再次被提上日程。	●颁布1949年住宅法，标志着美国公共住房建设计划再次启动，并成为美国城市更新运动初期住房政策的核心。该法提出要为“每一个美国家庭提供舒适的住房和居住环境”，第三款规定联邦政府及地方政府在法案颁布后的6年内新建81万套低租金公共住房，相当于全美评估的住房需求量的10%。规定住房建设开支的上限和住户收入上限，规定公共住房的租金至少要比当地最低私人住房租金低20%。 1949年住宅法案还制定了城市再开发计划，联邦政府自1950～1954年提供5亿美元资金用于此类开发。 ●实施1954年住宅法。为了进一步扩大私人开发商的运作空间，大大削减了1949年住宅法制定的联邦公共住房计划，由之前的年建造13.5万套缩减到5万套，同时提高了联邦贷款中的非住房项目份额，1959年提高到20%，1961年提高到30%，1965年上升到35%。在这一阶段住房机构更加关注的是贫民窟的清理工作，而为低收入阶层的住房建设计划开始居于次要位置。	二战后，受城市房荒的影响，公共住房建设进入发展高峰；但到50年代后半期，随着战后经济的繁荣与房荒的缓解，公共住房项目大量削减，公共住房建设在住房政策中的核心地位开始弱化。
20世纪60年代下半期～20世纪70年代初	20世纪30年代以来，公共住房建设是解决住房危机的一剂良药的思维一直影响着联邦政府的决策，然而在城市财政危机与种族矛盾突出的20世纪60年代，新情况已不再允许大规模公共住房建设计划的实施，这是美国60年代后半期各类新型住房补贴计划出台的根本原因。	●1965年住宅法中提出房租补贴计划。该计划授权联邦政府住房管理机构向租住非公共住房类住宅的低收入家庭提供房租补贴，补贴额度为住房租金与租户收入25%之间的差额，即“人头补贴”。 该法案还规定地方住房机构可以购买、租赁、修缮私人房屋作为公共住房的补充，将其提供给低收入家庭居住。	●由于拨款不足，房租补贴计划未达到预想的效果，其政策的优越性在几年中也未显现。直到70年代才重新得到重视。
	1967年后，以黑人为代表的低收入阶层的反抗和不满困扰着美国政府，于是联邦政府调整政策，再次向低收入阶层的住房问题倾斜。	●公共住房建设计划再次成为1968年新的“住宅与城市发展法”的重要内容。该法案授权联邦政府在10年中新建2600万套住房，其中包括600万套低收入家庭住房。	●这一计划过于庞大，难以达到预期结果。整个20世纪50年代的年均公共住房建设量为3.4万套左右，要达到年均6万套的水平几乎是不可能的。

续表

年代	背景	主要政策和措施	实施结果
20世纪60年代下半期～20世纪70年代初	过去，有资格申请公共住房的低收入者在得到公共住房后，其经济条件反而超过了收入水平略高于公共住房申请标准的那部分人，同时私人开发商或非营利性机构参与公共住房建设与供应的热情也需要进一步调动。	●1968年住房法提出补贴住房建设计划，即"砖头补贴"，主要是针对接近低收入阶层的中低收入家庭，包括两类补贴方式：第一种指家庭收入水平高于公共住房申请标准不超过35%的家庭，有资格申请联邦住房局(FHA)担保的贷款购买住房，对大多数家庭来说只需首付200美元，抵押贷款本息实际还款额以家庭收入的20%为限，其余部分由联邦政府向投资者支付。第二种是申请者的收入水平标准和政府的利率补贴标准与第一类相同。营利机构、住房合作社和营利性公司投资者的投资回报率限定为6%，租房家庭所付房租至少为收入的25%，房租标准由住房与城市发展部确定。	●实施补贴住房建设计划后出现了几个问题： ①将低收入者排除在受益人群之外，以黑人为代表的少数民族对此项计划反应强烈。 ②实施成本高，政府财政负担太大。如第一种补贴中，只规定超出的款项由政府负担，未规定各收入等级的住房标准，购房者倾向于购买更好的住宅，补贴成本越来越高。在第二种补贴中，开发商出于利润考虑，想尽办法提高建设成本。同时，租金水平低，而维护成本不断上涨，增加了政府的财政负担。为打击私人开发商的不法行为，需加大监管力度，因而又需要投入高额的监管成本。1972年秋尼克松政府不得不中止了这两类补贴。
20世纪70年代初～20世纪70年代末	20世纪60年代末，美国出现了经济停滞与通货膨胀两症并发的局面。政府开始大幅削减联邦政府的福利拨款，主要靠政府拨款的公共住房计划和补贴住房建设计划首当其冲。	1974年"住宅和社区发展法"实施标志着住房政策的战略性转变。 ●政府大幅削减福利性开支。从1977～1979年连续三年公共住房开工量不到全国住房开工总量的1%，而且持续走低。 ●正式取消了1968年住房法案的补贴住房建设计划，实施存量住房计划，也称租金证明计划。它为低收入家庭提供房租补贴，将联邦住房援助从住房供应者转向需求者，完成了补贴方式从"砖头补贴"向"人头补贴"的转变。租金证明计划的核心思想是任何家庭用于住房的支出不应超出家庭总收入的25%(1983年这一比例上浮到30%)。	●租金证明计划受到国会、地方政府、房地产商、私人房产主和低收入家庭的普遍欢迎：①该计划能迅速为低收入阶层提供住房援助；②允许低收入家庭自由选择住房及社区，避免形成低收入阶层或少数民族聚居于某些社区的现象；③鼓励地方住房机构购买或租赁私人房产，以解决公共住房房源不足问题，有利于存量住宅的利用。

续表

年代	背景	主要政策和措施	实施结果
20世纪80年代以后	大都市区的中心城市完成了从制造业中心向生产服务业和信息中心的转变，开始进入城市经济恢复期。部分白人中产阶级居民向中心城市回流。与此同时，住房租金和房价上涨速度加快，超出了城市低收入家庭，甚至部分中等收入家庭的负担能力，酿成了20世纪90年代的“住房支付力危机”。	●1984年美国会通过“租金优惠券计划”，1987年正式写入《住宅与社区发展法》。该计划中，符合资格的低收入住户从地方政府领取住房优惠券，享受补助的家庭必须拿出家庭总收入的25%支付房租，租金超过的部分就用住房优惠券来补贴。这种办法与租金证明计划之间的区别不大，只是增加了低收入家庭在住房选择方面的自由度。租户可在市场上任意租住不同租金的住房，当低于政府规定的市场租金时，租户可保留未花完的优惠券，当高于政府规定的市场租金时，多出的部分租金自付。	●租金证明计划和租金优惠券计划实施效果明显，为此联邦政府甚至规定进入住房市场的新建公共住宅要拿出2/3专供参与这两项计划的低收入者居住。截止1993年，超过130万户低收入家庭参与了这两项计划，大致与居住在正统公共住房中的家庭数持平。
		●1998年美国会通过“品质住房与工作责任法”，将租金证明计划和租金优惠券计划合并为统一的“住房选择优惠券计划”，该计划实际上是租金优惠券计划的调整方案。	●所有参加这两项计划的住户都按住房选择优惠券计划做出了相应调整。
		●2002年联邦政府在继承上述两项计划的同时，试图采取整笔补助金拨款方式，减少联邦政府在足额补贴方面的责任。也就是说联邦政府整笔拨款不足以支付用户的需要时，不足的金额将由地方政府负责。	●该法案因受多方质疑，未达成目标。

8.1.2 美国住房立法

20世纪20年代末，为应对经济大萧条出现的住房建设和金融危机，美国政府开始介入住宅市场，并于1934年国会正式通过《国家住宅法》(NHA)，成立联邦住宅管理局和“联邦储蓄贷款保险公司”(FSLIC)，组建“互助抵押贷款保险基金”，为以后的立法工作奠定了基础。

1949年和1974年美国政府针对住宅建设提出新的举措：1949年修订《国家住宅法》，提出住房目标：“为每一个美国家庭提供舒适的住房和居住环境”，并计划在之后六年内兴建81万套公共住宅(此计划实际未完成)；1974年联邦政府通过制定《住房与社区发展法》，促进不同社会经济阶层和种族拥有平等的住宅权利，而且这一目标在联邦和州级法院有关住房诉讼的判决中多次予以强化和采用。

年份	法规与政策	年份	法规与政策
1931～1945	○ 1931 年《联邦住宅贷款法》 ○ 1932 年《住宅抵押贷款法》(HOLA)、《联邦住宅贷款银行法》(FHLBA) ○ 1934 年总统签署《国家住宅法》(NHA) ○ 1937 年总统签署《美国住宅法》(USHA)，设立“美国公共住房署”(USPHA) ○ 1940 总统签署《全国国防住宅法》(NDHA) ○ 1942 颁布《价格紧急控制法》	20 世纪 60 年代下半期至 70 年代末	○ 1965 年颁布《住宅与城市发展法》成立“住房与城市发展部”(HUD) ○ 1968 年颁布《民权法》，又称《公平住宅法》(FHA) ○ 1970 年国会通过《紧急住宅融资法案》 ○ 1974 年颁布《住宅与社区发展法》，促进不同阶层在住房方面的平等待遇 ○ 1987 年颁布《住宅与社区发展法》
1946～1960 年代上半期	○ 1949 年《住宅法》 ○ 1954 年《住宅法》 ○ 1958 年《紧急住宅法案》(ALRC) ○ 1961 年《住宅法》 ○ 1963 年《低收入住宅议案》	20 世纪 80 年代以后～	○ 1990 年颁布《国民可承担住宅法案》实施“人人拥有居住机会”计划(HOPE) ○ 1997 年颁布《多人口家庭资助性住宅改革及承受能力法案》 ○ 1998 年《品质住宅与工作责任法》(QHERA) ○ 2003 年颁布《美国梦首期付款法案》 ○ 2007 年《抵押贷款债务减免的税收豁免法案》

主要参考文献：

1. 田东海　住房政策：国际经验借鉴与中国现实选择　清华大学出版社　1998
2. 林坚　美国的住房政策　国外城市规划　1998，NO. 2
3. 李莉　美国公共住房政策的演变　厦门大学博士学位论文　2008 年 5 月
4. Schwartz，Alex F. Housing Policy in the United Stated：An Introduction [M]. Routledge，2006

8.2 英国公共住房政策和住房立法

8.2.1 英国公共住房政策

总体看，英国公共住房政策经历了曲折的发展过程。1914～1939 年主要采取了住房房租管制和政府投资建设公共住房政策；二战后至 70 年代，继续采取政府投资建设公共住房和住房补贴政策；70 年代末以后，为减轻政府负担，采取提高住房私有化政策。

年代	背景	主要政策和措施	实施结果
1914～1939	20世纪初，英国城市化水平已超过50%，城市人口急剧膨胀，住房问题十分突出。新入城的农民无钱购房或建房自住，只有租房居住，或成为无家可归者。在这种情况下，房主不断提高房租，从中获利，从而广大租房户（穷人）怨声载道，进一步激化了住房矛盾。	这一时期是英国政府住宅政策改革和政府实行干预的起点。主要采取了以下措施： ● 私有住房房租管制政策：1915年的房租和抵押贷款利率增加（战时限制）法提出除少数高房租住房外，所有住房和房租都以1914年8月为准。到1920年允许有限地提高租金，到1923年允许房主在原租户搬出后取消租金管制。	● 设施房租管制政策有利于解决住户无法承受过高房租问题，但这也挫伤了投资私有住房的积极性，导致存量住房维护不足，新建出租住房减少，同时也造成租金标准的混乱（1939年一直未退租的住房房租为1915年标准，退租的住房房租则为市场租金）。
		● 政府开始承担建设公共住房责任。1930年住宅法和1933年住房金融法颁布后，政府在30年代共建设了约27万套住房用于平民窟改造。	● 由于公房建设规模不大，效果并不明显。
		● 允许私有出租住房卖给政府成为公房或卖给租房户成为自有住房。	● 大量私有住房变为公房，使公共出租住房比例增大，增加了政府的负担。
1945～1979	二战后，英国出现了严重的住房短缺。战争期间，45万套住房毁于战火或失修无法使用，300万套住房受到不同程度的破坏，使1945年7月上台的工党政府面临尖锐的住房问题。 进入20世纪70年代，英国住房供需状况趋于平衡，只存在地方性短缺。	● 1945～1951年，工党执政期间，将提高公共住房的建造量及出租作为政策目标，这一时期地方政府投资兴建的住房占新增住房总量的80%。1951～1964年保守党执政期间，延续了这一政策，同时鼓励个人买房建房，地方政府主要解决贫民窟问题。 ● 采取住房补贴措施。这一时期，住房建设补贴和房租补贴同时并存，前者与20世纪50、60年代的大量建设相联系，后者则从五六十年代逐渐发展，并成为主流。房租补贴，即所谓“真实租金政策”，主要是鼓励地方政府逐渐提高房租，在为需求者提供房租折扣的同时增加租金收入，减少地方捐税，鼓励承租人购买其所住住房或其他住房。	● 缓解了住房矛盾。但由于政府直接兴建大量住宅，实行低租金的住房体制，致使公共支出大幅上升，加重了国家和地方财政负担；忽视市场机制在住房中的作用，降低了住房市场运作的效率；公共住房中贫民大量集中，社区质量下降。
1979年以后	存在着各类拨款、补贴和国家经济承担能力之间的矛盾。1979年保守党执政之前，英国政府的经济负担很重，致使用于扩大	● 推动住房制度改革。 首先，颁布相关法律。“1980年住宅法”、“1984年住宅和建筑控制法”、“1986年住房和规划法”等均为地方政府出售公房和	改革的目标之一是改善住房产权结构，原计划的改革目标是住房自有率占70%，出租公房占20%左右，出租私房占10%左右。经过

续表

年代	背景	主要政策和措施	实施结果
1979年以后	再生产等的必需资金不足，经济发展缓慢，失业率高，通货膨胀率高，经济状况差。住房制度改革势在必行。	居民购买公房提供了法律依据。 其次，政府转变公共投资的方向，即从对公共住房计划的投资转变为以住房补助和对自有住房的支持为主，推动居民买房。 压缩对地方政府的公共住房投资。据部分城市统计，1989年中央政府拨给这部分城市的住房拨款，仅为1980年的1/3，致使地方政府无力再建更多的新公房。 采取住房补助措施。1985～1986年度，公共住房投资为28亿英镑，而住房补助达到31亿英镑，到1992～1993年，对公房和私房租户的住房补助达75亿英镑。 实行抵押贷款利息免税，免征住房出售后的资产所得税和弥补公房出售折扣价部分的财政收入损失。1979～1980年度的抵押贷款利息免税额14.5亿英镑，1990～1991年度，达到77亿英镑的最高峰，相当于同期公共住房支出的3倍，到1993～1994年度抵押贷款免税额为43亿英镑。此外，公共投资方向的转变还体现在对存量住房的补贴上。这一措施不仅是实施1984住房缺陷法的需要，而且也是对二战前后的住房和20世纪60年代建设的存量工业化住房遗留问题的弥补措施。 将地方的住房管理机构改造为非营利性质的住房协会。中央政府的拨款转向房协，房协可以用它来买房或建房。地方政府愿卖而居民暂时买不起的住房可由房协收购，成为社会性房产主，依靠租金收入对所拥有的公共住房进行维修和管理。政府认为，住房由地方政府转移到房协，由他们出租(包括适当提租)或出售，比较容易实现商品化的需求。	十几年的改革，到1991年自有住房率达到66%，出租公房达到21%左右，出租私房达到13%。可以说，产权结构的目标已基本达到，但作为现代住房制度核心的住房供应体制尚有待完善。

8.2.2 英国住房立法

年份	法规与政策	年份	法规与政策
1890～1939	○ 1890 年《工人阶级住宅法》 ○ 1924 年《住宅(金融)法》 ○ 1930 年《住宅法》 ○ 1933 年《住宅(金融法)》 ○ 1939 年《住宅和抵押贷款利率限制法》	1970～1974	○ 1971 年《住宅法》 ○ 1971 年《城乡规划法》 ○ 1972 年《住宅金融法》
1945～1951	○ 1946 年《住宅(金融和其他)法》 ○ 1947 年《城乡规划法》 ○ 1949 年《住宅法》	1974～1979	○ 1974 年《住宅法》 ○ 1974 年《租金法》 ○ 1975 年《住宅租金和补贴法》 ○ 1976 年《公有土地法》 ○ 1977 年《住宅(无家可归)法》 ○ 1977 年《租房法》
1951～1964	○ 1952 年《住宅法》 ○ 1954 年《住宅维修和租金法》 ○ 1956 年《住宅补贴法》 ○ 1957 年《住宅法》 ○ 1958 年《住宅(金融)法》 ○ 1959 年《住宅购买和住宅法》 ○ 1961 年《住宅法》 ○ 1964 年《住宅法》	1979～	○ 1980 年《住宅法》(修改) ○ 1980 年《苏格兰住宅(租户权利等)法》 ○ 1980 年《地方政府规划和土地法》 ○ 1982 年《社会保险和住房福利法》 ○ 1984 年《住宅和建筑法》 ○ 1984 年《住宅缺陷法》 ○ 1985 年《住宅法》 ○ 1985 年《住宅协会法》 ○ 1989 年《地方政府和住宅法》 ○ 1990 年《全国健康服务和社区关怀法》 ○ 1993 年《租赁改革、住宅和城市发展法》
1964～1970	○ 1965 年《租金法》 ○ 1967 年《住宅补贴法》 ○ 1967 年《租借改革法》 ○ 1968 年《租金法》 ○ 1969 年《住宅法》		

主要参考文献：

1. 蒋浙安　英国政府在战后住宅产业发展中的作用　史学月刊　1999/04
2. 陈默　英国的住房政策(上)(下) 中外房地产导报　1995/12、13
3. 田东海　住房政策国际经验借鉴与中国现实选择　清华大学出版社　1998
4. Balchin PN. Housing Policy：An Introduction. 2nd.. London：Routedge，1998
5. Hughes D，Lowe S. Social housing law and policy. London：Butterworths，1995
6. Malpass P，Murie A Housing Policy and Practice. 4th edn. London：Macinilan，1994

8.3 日本公共住房政策和住房立法

8.3.1 日本公共住房政策

年代	背景	主要政策和措施	实施结果
1945年～20世纪70年代上半期	二战后，由于战争的破坏，房荒非常严重，住房短缺420万户，有2000万人无房可住，占当时人口1/4。随着经济的恢复和发展，人口和产业向大都市集中，进一步加剧了住房紧张局面。人口的自然增长、家庭组成的分化，也是造成住房不足的一个原因。	●采取应急住房政策。1945年9月制定受灾都市应急简易住宅建设纲要。计划用半年时间，用国库补助建设30万户应急简易住房。这一计划未实现，只建成8万多户住房。此外，实施以特定国民为对象的住房供给政策，如建设以救济失业和增产粮食相关人员居住用房；为促进重点产业发展的优先供给住房政策。同时公布住房紧急措施令，利用各种建筑物作为住房之用。 ●采取永久性的住房政策。1950年制定住宅金融公库法，1951年制定公营住宅法，1955年制定住宅公团法。“公库”、“公营”和“公团”成为政府住房政策的三大支柱，分别针对高、中、低不同收入阶层提供住房。 ①住宅金融公库，是为国民提供住房建设资金的特殊法人。资金来源：政府提供的资金，向政府的借款，发行宅地债券等。公库主要向建造和购买住宅的个人(无收入限制)提供长期、低息住宅金融贷款。 ②公营住房，是在国家的资助下，由地方公共团体建设的公营住房，供应对象是低收入阶层。 ③公团，是在大都市圈及周边地区，按人口和产业布局，大规模提供拥有必要居住条件的住房和住房用地开发的特殊法人，接受国家的投资，受政府的监督，从事住宅及相关设施、用地等建设、出租、管理和出售等业务。资金来源：政府和地方	●距离解决420万户住房不足的问题差距仍然很大。 ●按公营住宅法要求，从1952年起实施公营住宅建设三年计划，共持续了5期共15年。从1966年起又实施了“住房建设五年计划”，共8期。经过努力，于1968年全国实现一家一户的目标，1973年各都道府县实现了一家一户目标。

续表

年代	背景	主要政策和措施	实施结果
1945～20世纪70年代上半期		公共团体提供的资金，向政府的贷款，向民间的借款，发行住宅债券等。 1965年根据地方住宅供给公社法成立地方住宅供给公社，向有一定收入的劳动者提供符合各地住宅条件的良好住宅和住宅用地。公社由地方公共团体设立，资金来源是公积金和公库的融资。	
20世纪70年代下半期～2005年	房荒问题基本解决。到1973年，各都道府县的住房户数开始超过家庭户数。但仍需向一人一室进一步过渡，并增加居住面积。进入90年代后，居住需求趋于多样化、老龄化与环境共生等，提出了新的社会需求。	●1981年住宅公团与宅地开发公团合并，成立住宅·都市整备公团。住宅·都市整备公团担负住宅和都市建设的全面任务。2004年又改造为都市再生机构，同时从特殊法人改变为独立行政法人，主要收益为租赁住房的房租收入和城区开发所获得的出售土地收益。 ●2001年住宅金融公库改为独立行政法人，以财政投资机关债、政府保证债、财政投资债等形式向社会筹措资金。2007年金融公库改组为住宅金融支援机构，不再依靠国家财政投资和补助金，成为自主经营、自负盈亏的独立行政法人。融资对象从建房、购房者转变为提供住房信贷的金融机构。 ●根据1993年提供特定优质出租住宅法，由地方公共团体和地方住宅供给公社民间事业者，对民间土地所有者所建的优良租赁住宅进行补助或征借，作为租赁住宅提供给中产阶层群体(也有通过房租补贴的形式)。主要资金来源是国债和地方债。	二战后，受城市房荒的影响，公共住房建设进入发展高峰；但到50年代后半期，随着战后经济的繁荣与房荒的缓解，公共住房项目大量削减，公共住房建设在住房政策中的核心地位开始弱化。
2005年后	现有住宅户数(约5400万户)已大大超过家庭数(约4700万户)，居住面积不断提高，主要以新建户数为目标的住宅政策，必须向有效利用现有住宅和改善环境的方向转变。	●“住宅建设五年计划”实施8期(40年)后，于2005年结束，2006年制定了“居住生活基本法”，并根据该法制定了2006～2015年的“居住生活基本计划”。该计划设定“住宅性能水准”、“住宅环境水准和居住面积水准”，提出了必须采取的政策和措施。	●居住水平不断提高。1976年确定的“最低居住面积水准”为四人家庭50m^2，“平均居住面积水准”为四人家庭86m^2，1986年诱导居住面积水准(四人家庭，城市型91m^2，一般型123m^2)替代平均居住面积水准。据调查，1973年，未达

续表

年代	背景	主要政策和措施	实施结果
2005年后			到最低居住面积标准的户数占30.4%，到2003年该比例已下降到4.2%；1973年达到平均居住面积水准的户数占28.6%，到2003年达到诱导居住面积水准的户数已上升到52.3%。2003年日本人均居住面积已达35.5m²。

主要参考文献：

1. 亚太建设科技信息研究院　国内外住宅建设及我国住宅产业化发展对策研究　2005
2. 吴东航　小见康夫等　日本住宅建设与产业化　中国建筑工业出版社 2009
3. 日本住宅经济数据集　2009

8.3.2　日本住房立法

日本对住宅的立法大致分为三个阶段：1945～1970年是基本法规的建立阶段，颁布实施了建筑基准法、公营住宅法、住宅计划法、建筑师法、城市规划法等基础性法规；1970～1980年是法规不断充实阶段，主要是对原有法规不断修改完善，同时推出提高住宅质量和功能等的认证制度；1980年至今是加大环境建设立法阶段，此时更加强调基础设施的建设、生态环境的建设和老年人居住条件的改善，制定了控制地价、住宅造价的措施，同时对原有法规不断进行完善。

日本主要的住宅立法

年份	法规与政策	年份	法规与政策
1945～70年代上半期	○1950年《住宅金融公库法》 ○1950年《建筑基准法》 ○1950年《建筑师法》 ○1951年《公营住宅法》 ○1955年《日本住宅公团法》 ○1960年《住宅地区改良法》 ○1965年《地方住宅供给公社法》 ○1966年《住宅建设计划法》 ○1968年《城市规划法》 ○1969年《城市再开发法》 ○1973年工业化住宅性能认定制度 ○1974年优良住宅部件认定制度	20世纪70年代下半期以后	○1978年部分修改公库法的法律 ○1981年《住宅·都市整备公团法》 ○1993年《提供特定优质出租住宅法》 ○1995年降低住宅建设成本紧急计划 ○1999年《城市基础设施建设公团法》 ○1999年关于促进优质出租住宅供给的特定措施 ○2001年《确保老年人居住安定法》 ○2003年《城市再生特别措施法》 ○2006年《居住生活基本法》 ○2006年《高龄人、残疾人生活无障碍法》

8.4 德国住房政策和住房立法

8.4.1 德国住房政策

年代	背景	主要政策和措施	实施结果
1946～1955	● 二战结束后，西德由美、英、法三国共管，当时西德住房极度缺乏。10万人以上的城市70%住宅遭受战争破坏。据计算，整个西德当时大约缺少600多万套住宅。 ● 1949年德意志联邦共和国成立，面临严重“房荒”问题。	● 根据1946年住宅法，从1946年10月17日起，冻结房租，全部住宅归公，实行统一管理。 ● 根据第一部“住宅法”，联邦、州、县和乡镇政府都要为住宅提供帮助，扩大对中、低收入阶层的住宅供给。 ① 政府资助社会住宅建设。凡纳入社会住宅建设计划中的项目，政府在投资补贴、土地供给、贷款、税收等多方面给予优惠支持。计划在6年内建造180万套住宅； ② 控制社会住宅的租金水平，给予经营者贴息和税收优惠，以弥补低租金造成的损失； ③ 确定租用社会住宅的租户申请条件。	● 1949年新建住宅竣工量为22万套，其中70%为社会住宅。1953年后，每年新建住宅超过50万套，其中社会住宅一直保持50%左右，对于尽快解决战后住房困难起到了重大作用。
1956～20世纪70年代上半期	战后住房短缺状况得到缓和。从1949到1959年，共新建住宅500万套，不仅弥补被战争摧毁的300万套住宅，而且也为大批难民和新增人口提供住宅。 居民收入水平和购买力提高。1950～1960年，联邦德国国内生产总值年均增长12.9%，人均国民收入年增长10.2%	● 根据1956年第二部“住宅法”，对自有住宅建设进行扶持和鼓励，措施包括：提供建筑用地，提供贷款担保和利息补贴；给予税收和其他规定费用的减免优惠；为住宅建设储蓄提供补贴。1960年实施的“中止住宅管制和保证社会租住权法”，逐步放开住宅市场。“工人置业促进法”还规定，雇主要为工人购置和修建自有住宅提供补助。 ● 鉴于60年代租金水平不断上涨，1965年实施“住宅补贴法”，规定给低收入家庭发放住房补贴。这一政策对于改善低收入家庭的住房福利起到了主要的支撑作用。住房补贴的资金由联邦政府和州政府各承担一半。	● 居民自有住宅的比例从1950年的8%，上升到1968年的34%，1978年的37%，到1987年才上升到39%，与原计划的50%目标还有不小的差距。

续表

年代	背景	主要政策和措施	实施结果
20世纪70年代下半期～20世纪80年代末	从1977年起，联邦德国住宅总套数已经超过家庭数，住宅的数量完全可以满足需要，人们更加关注住宅的质量。	●1976年颁布的“住宅现代化促进法”，规定对旧住宅的现代化改造、维修、扩建和重建给予补贴和税收优惠，这标志着政府对住宅建设的扶持从以增加住宅数量为主转变为以提升质量为主的阶段。	
20世纪90年代以后～	住宅供求关系出现了新的不平衡。由于政府在20世纪70～80年代对新建住宅的扶持力度下降，住宅供给的增长速度降低。同时20世纪80年代后期物价平稳，居民购买力增强。从1986年到1990年，居民收入增长了18%，物价只上涨了7%。这一时期，家庭规模不断缩小，单身家庭增加，迁入人口规模扩大。此外，自有住宅建设的效果也不显著。 1990年东西德统一后，东西部地区的住宅存在较大差距。1990年东部地区人均住宅面积27m²，西部地区36m²。东部地区46%的住宅是1919年以前建造的，有25%的住宅需要维修，10%的住宅已无法居住。此外在住宅质量和设施方面的差距更大。因此，如何尽快改善东部地区居民的居住条件是联邦政府面临的一项艰巨任务。	●80年代末，全面推进住宅建设又成为政府政策的一个重点。主要采取了以下措施：①继续对自有住宅建设、改造和维修实行信贷扶持和税收减免优惠；②对参加住宅储蓄计划的居民和信贷机构进行补贴；③继续实行住宅补贴政策，对低收入阶层予以照顾；④重新增加社会住宅建设投资，增加向低收入阶层的住宅供给。 ●联邦政府在1991～1992年拨款15亿马克，对旧住宅进行维修和改造；向重建信贷银行拨款600亿马克，用于住宅现代化项目提供长期低息贷款；对私人和合作社的住宅改造费用给予税收减免。 ●实施租金改革和住宅所有制结构的调整。 ●2002年颁布“住宅促进法”，重点保障低收入公民，多子女家庭和单亲家庭，补助金集中于存量住宅；提高新建住宅设备水平；社会住宅将实施更加合理的租赁结构。	

8.4.2 德国住房立法

德国在二战后的1946年美、英、法三国共管期间就制定了《住宅法》，1950年4月颁布了第一部《住宅建设法》，1956年颁布了第二部《住宅建设法》，以后根据国家的整体形势，不断颁布实施新的住宅法规和政策，2002年制定并强制实施《住宅促进法》。

年份	法规与政策	年份	法规与政策
1946～1955	○ 1946 年《住宅法》 ○ 1950 年第一部《住宅建设法》	1971～1990	○ 1971 年《城市建设促进法》 ○ 1976 年《住宅现代化促进法》 ○ 1978 年《住宅改造法》
1956～1959	○ 1956 年第二部《住宅建设法》	1991 以后	(1)继续对自有住宅建设、改造和维修实行信贷扶持和税收减免优惠；(2)对参加住宅储蓄计划的居民和信贷机构进行补贴；(3)继续实行住宅补贴政策，对低收入阶层予以照顾；(4)重新增加社会住宅建设投资，增加向低收入阶层的住宅供给。 ○ 2002 年《住宅促进法》
1960～1970	○ 1960 年《终止住宅管制和保证社会租住权法》 ○ 1961 年《工人置业促进法》 ○ 1965 年《住宅补贴法》		

资料来源：贾生华　德国住宅政策的演变和效果分析　外国经济与管理　1996/03
陈默　前联邦德国的住宅立法与住宅建设　中外房地产导报　1995/19
田东海　住房政策国际经验借鉴与中国现实选择　清华大学出版社　1998

8.5　韩国公共住房政策的特点

特点	政策和具体措施
计划性和计划依据	从 1962 年开始，每五年发布一次住房发展计划，并将其纳入韩国社会经济发展计划。1972 年发布了《住房建设 10 年计划》(1972～1981)，还发布了《住房 200 万户建设计划(1988～1992)》和《住房综合计划》(2003～2012)。 从 1960 年开始进行住房普查，以后每五年进行一次，形成制度。普查的重点集中在两个方面：一是通过住房普及率(住房数量与家庭户数之比)和新建住房数量来掌握住房供应情况；二是通过每百人住房数量、每套住房平均面积、人均居住面积、人均住房间数与厨卫系统普及率等指标来掌握居民的居住质量。
立法保障	制定有关法律，其中重大的有《住房供应法》(1963 年)，《住房建设促进法》(1972 年)，《租赁住房建设促进法》(1984 年)，《租赁住房法》(2003 年)等。依据《住房建设促进法》，政府设立国家住房政策审议委员会，负责制定国家住房发展规划，审批全国住房建设计划。住房行政管理事务由建设与交通部实施，下设韩国住宅公社和大韩土地开发公社等机构，专门负责建造出租公房。
确定适当的面积标准	针对家庭人口规模有比较明确的规定，如小型商品房、公共租赁房全部在 $85m^2$ 以下，多数是 $65～85m^2$。
享受优惠的公平性	细分目标对象。目标对象分为绝对支援阶层(再分为不负担最低居住费阶层和可负担最低居住费阶层)、部分支援阶层和自立阶层。对不同阶层实施不同的公共住房政策。如收入水平下位 40％以下为绝对支援对象，提供居住费补贴或入住公共租赁住房优选权；收入水平下位 40％～60％的为部分支援对象，提供购买中小型公共住房或入住公共租赁住房的优选权，并且对此提供国民住宅基金贷款。

续表

特点	政策和具体措施
公共住房的供给	提供多种形式的公共住房。公共住房的主要类型有：小型商品住房，针对拥有购买力的中低收入户而建设的小型公共住房，住房面积大致在 $60m^2$ 以下；公共租赁住房，由国家或地方政府投入建设或通过"国民住宅基金"的支持而建设的租赁住房，租赁住房又分为"永久租赁房"、"公共租赁房"和"国民租赁房"等，其中"永久租赁房"是专门针对城市贫困居民建设的非营利性住房，"公共租赁房"和"国民租赁房"是微利性的，供给对象仅限于中低收入家庭。
支援手段的完善	(1)1981 年设置了"国民住宅基金"，支援小型商品房和公共租赁住房的建设和土地开发；(2)为降低土地成本，由韩国住宅公社或土地开发公社等公共机构开发公共住房用地，一律以低于市场价格供给；(3)为减轻低收入阶层购买住房的负担，实施了大幅度的税收优惠。

资料来源：金银姬(韩国)　韩国公共住房政策对中国的启示　城市开发　2006 No11

金大鸿(韩国)　从韩国的公共住房制度看中国保障性住房制度的建立　经济导刊　2008.02.01

9　公共住房供应与住房合作社

9.1　美国不同阶段的公共住房建设量

年份	人均 GDP (美元)	年新建住房量(千套)			每套新建住房平均面积(m^2)
		总量(A)	其中：公共住房(B)	B/A(%)	
1960	约 3000	1296	16.4	1.2	93.15
1970	约 5000	1469	—	—	112.29
1978	约 10000	2023	15.8	0.7	128.54

资料来源：国际统计年鉴 1995

Construction Review 1978

李莉　美国公共住房政策的演变　厦门大学博士学位论文 2008 年 5 月

田东海　住房政策：国际经验借鉴和中国现实选择　清华大学出版社　1998

9.2　美国 1949～2004 年公共住房数量变化

时间(年)	总数量(套)	相对于前一时期的变化情况	
		增(减)量(套)	增减比例(%)
1949	170436	—	—
1959	422451	252015	147.9
1969	792228	369777	87.5
1979	1204718	412490	52.1
1990	1391312	186594	15.5
1993	1407923	16611	1.2
1996	1326224	(81699)	−5.8
1998	1300493	(25731)	−1.9
1999	1273500	(26993)	−2.1
2004	1234555	(38945)	−3.1
—	—	—	

续表

时间(年)	总数量(套)	相对于前一时期的变化情况	
		增(减)量(套)	增减比例(%)
1949～1979		1034282	
1979～1993		203205	16.9
1993～2004		(173368)	－12.3

资料来源：Alex F. Schwartz Housing Policy in United States [M].

李莉 美国公共住房政策的演变 厦门大学博士学位论文 2008年5月

9.3 日本八个五年计划期间公共住房建造量

计划期(年)	建设量(千套)				
	计划		实际完成		
	总套数	其中：公共住房	总套数(A)	其中：公共住房(B)	B/A(%)
1966～1970	6700	2700	6739 (1347.8)	2565 (513)	38
1971～1975	9576	3838	8280 (1656)	3108 (621.6)	37.5
1976～1980	8600	3500	7968 (1539.6)	3649 (729.8)	47.4
1981～1985	7700	3500	6104 (1220.8)	3231 (646.2)	52.9
1986～1990	6700	3300	8356 (1671.2)	3138 (627.6)	37.6
1991～1995	7300	3700	7623 (1524.6)	4017 (803.4)	52.7
1996～2000	7300	3525	6812 (1362.4)	3487 (697.4)	51.2
2001～2005	6400 (包括改扩建)	3250 (包括改扩建)	3493 (截至2004年)	996 (截至2004年)	28.5

注：B/A值是根据数据计算得出的。

( )内的数据为年平均值。

日本1972、1976和1980年人均GDP分别约为3000、5000、10000美元。

资料来源：日本住宅建筑手册 2003

日本国土交通省住宅局资料

9.4 日本各类公共住房建设体制和业绩

特征	公库	公营住房	公团住房（UR住房）	公社住房	优良租赁房
开始实施年份	1950	1951	1955	1965	1993
运营主体（成立时）	住宅金融公库	地方公共团体	日本住宅公团	地方住宅供给公社	地方公共团体，地方住宅供给公社民间事业者
运营主体（现在）	住宅金融支援机构(2005～)	地方公共团体	住宅、都市整备公团（1981～1999年），都市基盘整备公团（1999～2004），都市再生机构(2004～)	共57个公社：47个都道府县及10个城市公社。青森、岩手、福岛和富山县的机构于2009年3月底解散	地方公共团体，地方住宅供给公社民间事业者
法律依据	《独立行政法人住宅金融支援机构法》(2005年)	《公营住宅法》(1951年)	《独立行政法人都市再生机构法》(2003年)	《地方住宅供给公社法》(1965年)	《促进特定优良租赁住宅供给的法律》(1993年)
主要目的	向建造或购买住宅的个人提供长期、固定、低息的住宅金融贷款。成立初期为政策性金融机构，2005年后由独立行政法人接管	由地方公共团体直接建设和管理，向低收入者提供廉价租赁住宅	在大城市圈及周边范围内，大规模提供拥有良好居住环境的住房和住房用地，对市街地进行开发。它可超越地域的界限开展范围广泛的事业	向有一定数额以上收入的劳动者提供符合各地区住房条件的良好住房和住房用地。公社由地方公共团体设立，并由其提供资金和运筹住房建设与销售业务	对民间土地所有者建设的优良租赁住宅进行补助，并且进行征借，作为公共租赁住宅提供给中产阶层群体（也有提供房租补贴的形式）
主要资金	到2000年为止是财政投资及融资（退休公积金、邮政存款、简易保险等）。 2001年转为独立行政法人后，以财投机关债、政府保证债、财投债等形式向社会筹措资金	用税款进行住房建设，维修管理费等的不足部分也用税款进行填补	对借款、债权及事业收入等进行独立核算，但也有一部分税款补助。 2004年转为独立行政法人后，主要资金来源为租赁住宅的房租收入和城区开发所获得的出售土地收益	公积金及公库获得的融资	国债、地方债

续表

特征	公库	公营住房	公团住房（UR住房）	公社住房	优良租赁房
分售住宅 租赁住宅	—	租赁住宅	租赁住宅和租赁用的特定销售住宅（建成以后整体转让的租赁住宅）。分售住宅（1999年以后停止）	分售住宅 租赁住宅	租赁住宅
阶层对象	无收入限制	收入水平处于25%以内（家庭收入水平处于倒数25%以内）。但对于高龄者，收入水平处于25%～40%范围的可酌情处理	无收入限制	无收入限制	收入水平处于25%～50%以内但是，处于0%～80%范围的情况则可由都道府县的知事进行酌情处理
供给实绩	贷款总数1909万户，贷款实绩180兆日元（统计截止于2002年3月）	总数218万户（统计截止于2002年3月）	总数151.8万户。其中租赁住宅84.4万户，租赁用的特定销售住宅39.2万户，分售住宅28.1万户（统计截止于2004年6月）	总数74.1万户。其中租赁住宅17.5万户，分售住宅56.6万户（统计截止于2007年3月）	总数15.9万户（统计截止于2005年3月）
房租设定（只限租赁）	与邻近同类的房租保持一致	① 房租估算基本额（根据收入设定）×位置系数×新旧系数×便利性系数 ② 与邻近同类的房租为上限	与邻近同类的房租保持一致	与邻近同类的房租保持一致	与邻近同类的房租保持一致。房租补助额每年折减5%（20年后将无补助）
其他事业	直接贷款（2005年以后原则上禁止），住房证券化支援事业等	—	出售住房用地，城区再开发，都市再生的协调化业务等	出售住房用地，城区再开发，公营住宅的代行管理等	—
今后的方向	实现彻底的事业转换，以提高业务运营效率为前提，尽早偿还财政贷款资金（免除补偿金），缩减补助金，补助金的投入将于2012年3月前结束	现有住房老化和入住者的高龄化等正在加剧，住房的改良事业需要进一步加强，但是由于地方自治体的财政困难，进展并不顺利	现有租赁住房的整理顺利进行。为了确保入住者的居住安定，首先努力抑制住宅重建或改良给低收入者带来的房租上涨，此外在住宅区内引进福利设施	根据《地方住宅供给公社法》的部分修正规定（2005年），设立团体可以自主解散。现今不少公社已处于超负债的状况，预计今后将收缩业务或解散	一方面房租补助额降低，另一方面房租每年上升5%，因此不少人在入住新建住房几年后便搬出，向土地和房产所有者保证房租的自治体的风险加大，1997年达到最高值以后供给户数急剧减少，现有的住房也开始谋求向“高优赁”的转换

资料来源：吴东航　小见康夫等　日本住宅建设与产业化　中国建筑工业出版社　2009

9.5 日本都市再生机构(原都市基盘整备公团)的住宅建设户数

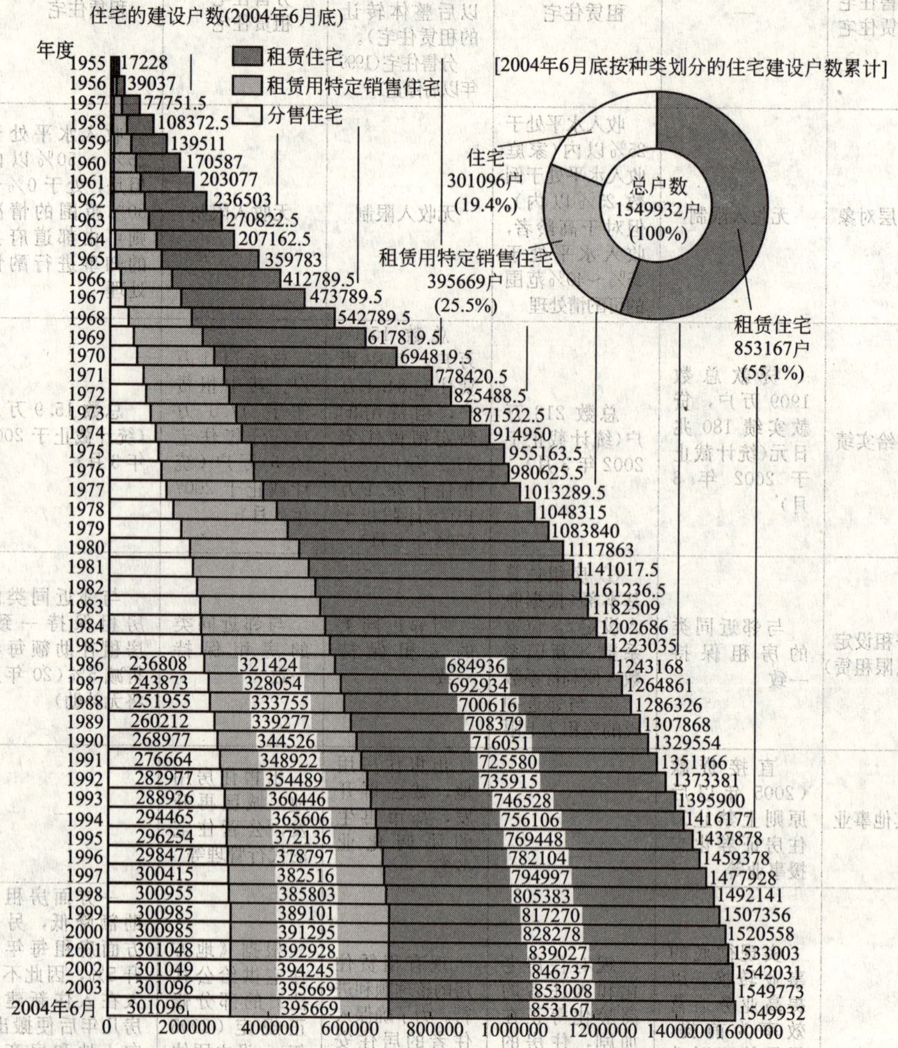

资料来源：吴东航 小见康夫等 日本住宅建设与产业化 中国建筑工业出版社 2009

9.6 日本公社建设住宅户数

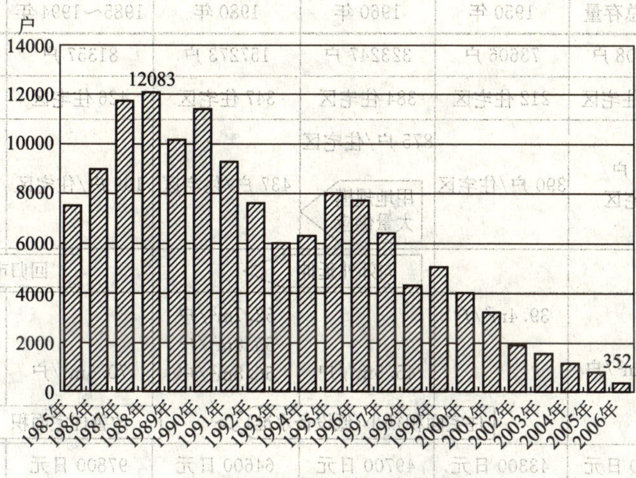

(*a*) 近年公社建设分售住宅的变化

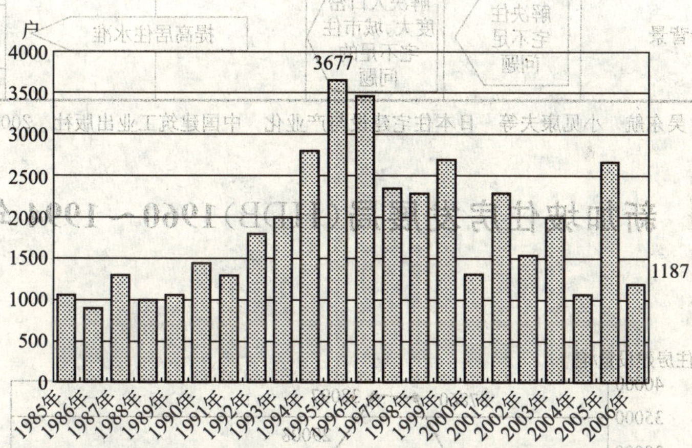

(*b*) 近年公社建设租赁住宅的变化(由公社建设归公社所有的租赁住宅)

资料来源：吴东航　小见康夫等　日本住宅建设与产业化　中国建筑工业出版社　2009

9.7 日本都市再生机构不同年代所建租赁住宅的特征

	住宅总存量	1950 年	1960 年	1980 年	1985～1994 年	1995 年以后
管理户数	768608 户	78606 户	323247 户	157273 户	81357 户	128125 户
住宅区	1806 住宅区	212 住宅区	384 住宅区	347 住宅区	426 住宅区	437 住宅区
住宅区规模	426 户/住宅区	390 户/住宅区	875 户/住宅区 用地规模大量供应	437 户/住宅区	199 户/住宅区	260 户/住宅区
选址			向郊外延伸		回归市区	
住宅面积	$50.4m^2$/户	$39.4m^2$/户 住宅面积狭小(低设备水准)	$45.5m^2$/户	$52.7m^2$/户 $65.8m^2$/户 $56.8m^2$/户	$70.6m^2$/户 改善住宅面积	$70.2m^2$/户
房租	68200 日元	43300 日元	49700 日元	64600 日元	97800 日元	115900 日元
住宅供给背景		解决住宅不足问题	解决人口密度大,城市住宅不足的问题	提高居住水准		促进回归市区

资料来源：吴东航 小见康夫等 日本住宅建设与产业化 中国建筑工业出版社 2009

9.8 新加坡住房发展局(HDB)1960～1994 年住房建设量

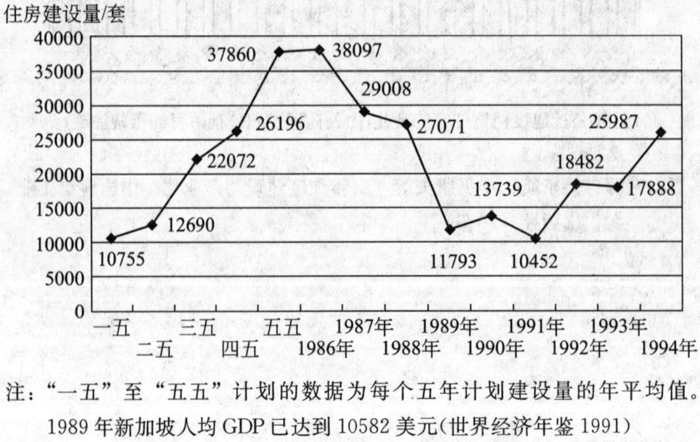

注："一五"至"五五"计划的数据为每个五年计划建设量的年平均值。

1989 年新加坡人均 GDP 已达到 10582 美元(世界经济年鉴 1991)

新加坡 HDB 住房建设五年计划　　　　附表

年份	预定目标(套)	实际完成(套)
1960～1965(一五)	50000	53777
1966～1970(二五)	60000	63448
1971～1975(三五)	100000	110362
1976～1980(四五)	150000	130981
1981～1985(五五)	155000	189299
1986～1990(六五)	160000	119708
1991～1995	90000	—
1996～2000	14000	—

资料来源：亚太建设科技信息研究院 建设部住宅产业化促进中心　国内外住宅建设及我国住宅产业化发展对策研究　2005

田东海　住房政策：国际经验借鉴和中国现实选择　清华大学出版社　1998

9.9　部分发达国家公共出租住房占全部住房的比例

国家	公共出租住房比例(%)(最高年份)	公共出租住房比例(%)(最近年份)
荷兰	40(1990 年以前)	35(2006 年)
英国	33(1980 年)	19(2006 年)
瑞典	23(90 年代中期)	18(2005 年)
法国	20(1990 年以后)	17(2002 年)
原联邦德国	18(1970 年)	7(2003 年)
加拿大	—	6(1997 年)
澳大利亚	—	5(2001 年)
美国	—	3(1999 年)
西班牙	—	1(2001 年)

资料来源：Building Prosperity Housing and Economic Development UN-Habitat 2009

9.10 日本提供公营住宅对家庭收入基准规定的变化

（以标准四口家庭的

区分		年.月.日	1951	1952	1954	1959	1961	1962	1964	1965
入居基准	第一种	基准额	20000	25000	32000	—→	—→	36000	—→	—→
		标准家庭粗略收入	23000	28000	35000	42592	43425	51204	52037	53796
	第二种	基准额	10000	—→	13000	—→	—→	20000	—→	—→
		标准家庭粗略收入	13000	—→	19000	23750	24583	33333	34167	35000
超过基准	第一种	基准额				(45000)	…→	45000	—→	—→
		标准家庭粗略收入						61203	62038	63500
	第二种	基准额				(25000)	…→	25000	—→	—→
		标准家庭粗略收入						38981	39815	41250
搬出基准	1969年6月10日以前迁入者	基准额								
		标准家庭粗略收入								
	1969年6月10日以后迁入者	基准额								
		标准家庭粗略收入								
除配偶以外的同居亲属的收入扣除额			12000	—→	—→	—→	—→	24000		
扣除额（平均一人的年额）	抚养扣除额									
	抚养老人扣除额									
	老人配偶者扣除额									
	身体残废者扣除额（特别残废者扣除额）									
	老年人、寡妇扣除额									
修正点			从每月的收入中每抚养一名亲属扣除1000（每月的收入不包括奖金并按过去6个月间的平均收入计算）	只修正第一种	修正第一种、第二种	根据政令修正应用所得税法的一部分计算收入（包括奖金在内的过去一年的平均收入）	税法修正	对第一种第二种入居基准以及抚养亲属扣除额的进行修正以及税法修正	税法修正	税法修正

收入及所得为准） （单位：日元）

1966	1967	1968	1968 12.1	1969 4.1	1969 6.10	1970 5.1	1971 4.1	1972 1.1	1972 4.1	1972 4.7
—→	—→	—→	40000	—→	—→	—→	46000	58000	—→	—→
55555	58888	60833	69583	—→	—→	—→	87166	101333	117999	123499
—→	—→	—→	24000	—→	—→	—→	27000	30000	—→	—→
35883	39166	40833	49583	—→		—→	63499	67166	85999	88499
—→	—→	—→	—→	50000	—→	—→	59000	—→	77000	—→
65555	68888	72083	75740	81296	—→	82083	102333	—→	138999	146166
—→	—→	—→	—→	30000	—→	—→	34000	—→	42000	—→
42083	45416	47083	50833	57083	—→	—→	72166	—→	101333	104666
					110000	—→	—→	—→	—→	—→
					145877	149814	158999	—→	—→	182777
					150000	—→	—→	—→	—→	—→
					187649	193245	202061	—→	—→	227222
					27000	—→	—→	—→	40000	—→
—→	—→	—→	36000	—→	—→	—→	60000	—→	120000	—→
税法修正	税法修正	税法修正	对第1种、第2种入居基准以及抚养亲属扣除额进行修正	修正超过基准	制定迁出基准	修正税法	对第1种、第2种入居基准超过基准以及抚养亲属扣除额进行修正以及修正税法	修正第1种、第2种入居基准	修正超过基准抚养扣除额，以及对高额收入者的同居亲属的收入合计扣除额的修正	修正税法

区分 \ 年.月.日			1973 11.24	1974 4.1	1975 1.1	1975 4.1	1977 1.28
入居基准	第一种	基准额	—→	—→	65000	—→	81000
		标准家庭粗略收入	—→	143666	153666	179333	202166
	第二种	基准额	—→	—→	36000	—→	47000
		标准家庭粗略收入	—→	101666	110116	137999	153666
超过基准	第一种	基准额	—→	—→	—→	91000	—→
		标准家庭粗略收入	—→	170833	—→	216499	—→
	第二种	基准额	—→	—→	—→	56000	—→
		标准家庭粗略收入	—→	121833	—→	166493	—→
搬出基准	1969年6月10日以前迁入者	基准额	145000	—→	—→	163000	—→
		标准家庭粗略收入	221666	265625	—→	310625	—→
	1969年6月10日以后迁入者	基准额	174000	—→	—→	195000	—→
		标准家庭粗略收入	253888	301875	—→	350600	—→
除配偶以外的同居亲属的收入扣除额			—→	—→	—→	52000	—→
扣除额(平均一人的年额)	抚养扣除额		—→	—→	—→	192000	—→
	抚养老人扣除额						
	老人配偶者扣除额						
	身体残废者扣除额(特别残废者扣除额)						
	老年人、寡妇扣除额						
修正点			修正迁出基准	修正税法	对第一种、第二种迁入基准的修正	对超过基准、迁出基准，以及高额所得者的同居亲属的收入合计扣除额，抚养扣除额的修正	修正第一种、第二种迁入基准

资料来源：日本　住宅建筑手册　1986

续表

1977 4.1	1979 11.24	1980 4.1	1982 4.1	1984 4.1	1986 7.1
—→	95000	—→	141000	—→	162000
219333	256250	—→	313750	318666	357000
—→	55000	—→	87000	—→	100000
170833	200166	—→	245833	247666	279999
111000	—→	—→	135000	—→	162000
260625	—→	276250	328750	333666	357333
69000	—→	—→	95000	—→	100000
202166	—→	220166	256250	258999	279999
186000	—→	—→	226000	—→	269000
354375	—→	370000	420000	424999	490999
226000	—→	—→	—→	—→	269000
404375	—→	420000	—→	424999	490999
47000	—→	55000	87000	—→	100000
240000	290000	—→	—→	—→	330000
60000	—→	—→	—→	—→	—→
	60000	—→	—→	—→	—→
200000 (280000)	230000 —→ (310000)	—→	—→	—→	250000 (330000)
200000	230000	—→	鳏夫追加 —→	—→	250000
对超过基准、迁出基准，高额所得者的同居亲属的收入合计扣除额，抚养扣除额的修正以及建立残废者扣除额的特别扣除规定	修正第一种、第二种迁入基准和抚养扣除额等，以及建立老人配偶者扣除额的规定	对高额所得者的同居亲属的收入合计扣除额的修正	对第一种、第二种迁入基准、超过基准、迁出基准、高额所得者的同居亲属的收入合计扣除额等修正以及建立鳏夫扣除规定	修正税法	对第一种、第二种迁入收入基准、超过基准、迁出基准、高额所得者的同居亲属的收入合计扣除额抚养扣除、残废者扣除、老年扣除、寡妇扣除以及鳏夫扣除等的修正

9.11 新加坡住宅供应条件的变化

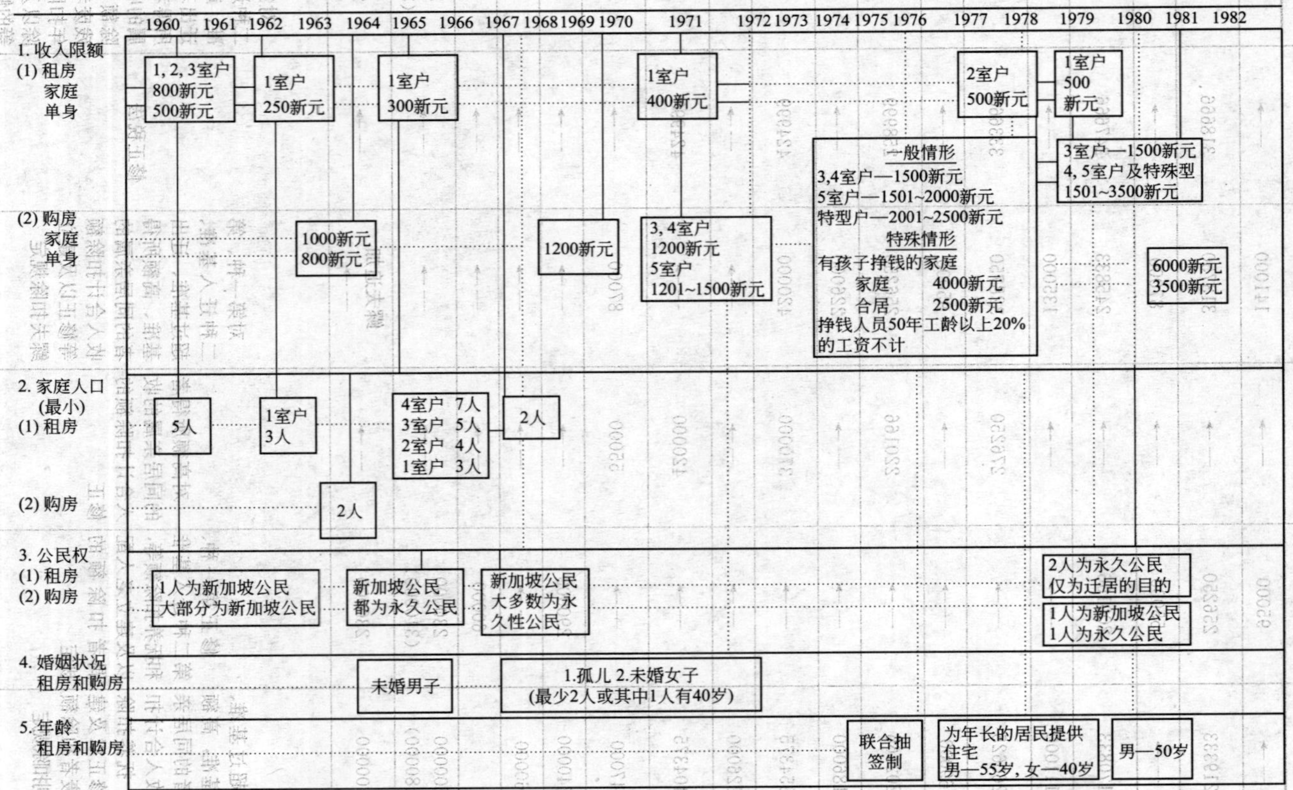

资料来源：中国建筑技术发展中心 国际建筑发展与统计手册 1989

9.12 各国住房合作社的发展

9.12.1 住房合作社的概述、类别和特点

(1) 概述

住房合作社已有200多年的发展历史。1775年英国伯明翰建立了世界第一家互助性建筑社团，标志着合作建房组织的诞生。在它的影响下，法国、德国分别于1860年和1862年出现了住房合作社，以后住房合作社逐步推广到世界40多个国家，对解决广大中低收入居民住房问题起到了积极的作用。

(2) 合作社类别

由于人们的需求多种多样，各国的实践也千差万别，因此出现多种类型的住房合作社。国外住房合作社依据合作住房的所有权形式不同大致分为以下几类：

① 房产私有的住房合作社。这种合作社社员在申请入社时必须认购入社股金或交纳一定会费，合作社则负责联系贷款，并以合作社名义出面购买宅基地。社员可以优先得到住房，社员以分期付款方式偿还贷款本息和合作社的其他开支，待贷款本息缴清时住房便归社员个人所有，合作社也随之解体。

② 房产共有的住房合作社。这种住房合作社社员在入社时缴纳一定数额的会费或认购相应的股金，合作社负责贷款和购买土地，房屋建成后，房屋由社员共同所有，当社员入住房屋后合作社也不解散，而是由合作社成员选举出代表继续管理合作住房业务，如各种物业管理的费用、抵押贷款的偿还等，发挥社员民主管理的能力。一般房屋不能买卖，但可以退出，当社员退出住房合作社时会得到一笔适当的费用。

③ 普通型的住房合作社。它是介于房屋共有与个人私有之间的中间形式的住房合作社。社员对住房享有居住权，但没有所有权，社员仅对其持有的股份享有所有权，住房的所有权直接归住房合作社。并且社员不能对外转让其股份，社员只能在社内选择买主转让自己的股份。社员可组织住房的管理委员会参与住房合作社的管理工作。

④ 租房式住房合作社。这种住房合作社要求申请加入合作社的人必须投资，合作社则可以得到低息抵押贷款。房产归合作社所有，出租给社员居住，社员一般按年或按月向合作社缴纳一定的租金。但和一般的房屋出租不同，这种类型住房合作社的住户可以通过组织管委会参与合作社社务。

⑤ 劳动合作式住房合作社。这种住房合作社的社员不仅要缴纳会费，而且还要亲自参加房屋的建设，不仅是资金的合作更是劳动的合作，形成了良好的生

活氛围。这种住房合作社一般限于小型的住房合作社，特别是农村地区的住房建设。

(3) 合作社特点

虽然住房合作社有不同的类型，但也有其共同的特点。

① 非营利性法人。首先，住房合作社具有社团法人资格，享有独立的民事权利能力和民事行为能力，承担独立的民事责任。其次，住房合作社为非营利性的社团组织。住房合作社是一种服务性的合作组织，不以营利为目的。

② 实行民主管理和民主监督。住房合作社都有自己的章程，章程对住房合作社的组织机构及其运行、社员的权利义务及其行使做出了规定。住房合作社的组织机构一般包括由全体社员构成的社员大会和由社员选举出的人员组成的理事会。社员大会是住房合作社的最高权力机关，社员向住房合作社发表对住房选址、住房设计、住房环境、住房功能以及住房建成后的物业管理、房屋维修等问题的意见，住房合作社通过民主程序决定有关社员切身利益的问题，反映大多数人的意愿。理事会或者管委会是负责住房合作社日常运行的常设性机构，严格执行社员大会的各项决议，为社员的利益提供服务。同时社员对理事会及组成人员享有民主监督的权利，保障住房合作社正常运行，维护社员自身利益。

③ 具有价格和质量优势。住房合作社建造的住房一般要比商品房便宜，其主要原因是：第一，国家优惠政策的支持；第二，中间环节减少。住房合作社实行自建自销，比商品房减少了销售环节，可以减少营业税、广告费、交易费等；第三，没有利润负担；第四，包括部分劳动价值。住房合作社成员直接参与合作社的管理，有些住房合作社还由社员参加住房建设，节省了用工量，节约了成本。同时由于住房合作社建造的住房是自己居住的，比任何房地产企业更加关注住房的质量，对建造过程的监督更严格，以此保障了住房的质量。

④ 具有自救性和互助性。合作经济组织服务的对象是社会上的弱势群体，他们只有联合起来依靠相互结合的力量，互相帮助，进行自救。因此住房合作社往往是面向中低收入家庭，国家给予一定的扶持，但最主要的还是依靠社员们的力量，共同出资，民主管理，互相扶持，自力更生，通过社团凝聚力量解决自己的住房问题。

9.12.2 英国

英国是最早创立住房合作社的国家。1775 年英国伯明翰建立了全球第一家互助性建筑社团。而真正以住房合作社命名的是 1844 年建立的名为罗奇代尔的住房合作社。此后住房合作社作为居民自发组织解决住房问题的组织，在各城市发展起来。进入20世纪，英国将保障居民的居住权作为政府的一项重要责任，主张建立住房保障制度。英国将住房合作社作为实现“居者有其屋”的一种手段。英国的住宅协会在政治上一直获得各政党的支持。1909年，《住宅和城镇规划法》生效，住宅协会开始获得官方的财政资助。为了吸引大量缺房户为改善自己的住房条件而与他人合办住宅事业，政府给住房协会贷款，使之成为主要的开发者，一些地方市政机构还决定把所有住房和公寓都转给住房协会。在政府的支持下，住房合作社成为英国解决住房问题的重要手段。

英国的住房合作社的发展经历了几个阶段：第一阶段是20世纪以前，英国实行旧的住房制度，认为住房是生活资料，是商品，并实行住房私有制度，住房的供应也任凭市场自发调节。这一时期住房合作社正是产生和发展阶段，政府不予干预，为住房合作社发展提供了自由的空间；第二阶段是20世纪初到1979年，这一时期强调了政府保障居民住房的责任，加强了对住房的管理。住房合作社得到了政府的支持，但大多数住房合作社受政府控制，采用租赁式的方式；第三阶段是1979年保守党执政期进行住房改革，强调住房的私有化，提高租金。这一时期住房合作社发展呈现多样化特点，配合英国的购房补贴和租房补贴，共同构成了住房保障制度。

英国的住房合作社的特点主要有：(1)它是一种长期的住房合作组织，是独立的法人实体，房子建好后，住房合作社依然存在，负责住房的管理。(2)它是一个独特的行业协会，延续至今，一直保持着其住房合资的宗旨。(3)与大多数协会不同，英国的住房协会自己从事生产、经营活动，为社员提供全方位的服务。(4)有多种形式，如租户管理合作社、住宅金融合作社等。

9.12.3 德国

住房合作社是德国住房建设的主要组织形式。据资料显示，合作社建造的住房占全国新建住房总数的30.9%。1862年成立的汉堡住房合作社是德国最早出现的住房合作社。到1990年召开第一次全德联盟大会时，已有1950个德国住房合作社参加，拥有280万名社员，管理210万套住房。

德国住房合作社的一个显著特点是在住房合作社协会或联盟内各住房合作社彼此密切联系，扩大住房合作社的影响。1896年柏林的14个建筑合作社联合成立“德国建筑合作社联盟”。到1912年就已经有15个建筑合作社联盟。1916年成立了集中代表住房合作社利益的“德国合作社联盟独立委员会”。第一次世界大战后，于1920年成立“德国建筑合作社联盟协会”，办事处设在柏林。到1924年7月21日一个全国性的综合性组织——“德国建筑合作社国家联盟”在埃尔福特(Erfurt)成立。受《非营利性住房租住监督和承认法案》的影响，1934年“国家联盟”改名为“德国住房组织(住房合作社和机关)国家联盟”，1938年“国家联盟”和“德国家庭帝国联盟”合并为“德国非营利住房帝国联盟”。该组织拥有近3800个住房机构，包括3100个合作社。1949年3月31日“非营利住房组织国家联盟”在汉堡成立。《非营利性住房租住监督和承认法案》失效后，该组织更名为“国家住房联盟”。1990年召开了第一次全德联盟大会。

这些住房合作社联盟对促进住房合作社的发展起了重要作用。第一，为德国的住房合作社提供多样化的服务。如1920年到1940年间建立委托代理处为住房合作社提供顾问和会计服务，在霍塞尔(Hosel)成立非营利住房培训机构，旨在促进住房机构股票的发展和保护，这尤其适用于大多数非全日性、义务经营的中小型合作社；第二，给政府施加压力，扩大住房合作社的影响。德国住房合作社联盟通过自身的活动，显示住房合作社的力量，吸引政府的关注，给政府施加影响，以便为住房合作社的发展提供良好的法律环境和政策条件；第三，参与国际住房联盟，促进住房合作社的国际化发展。德国住房合作社联盟作为“国际合作社同盟”的社员，接受其领导。同时德国和法国、意大利的住房合作社联盟在1986年成立“住房合作社欧洲委员会”，现在改称“社会住房欧洲联络委员会”。

德国政府对合作建房给予多方面的政策支持：提供长期低息贷款：贷款利息只有1%～4%，偿还期限长达30～40年，最长可达65年，倘若政府不能给住房合作社直接提供贷款，则住房合作社可以向其他金融机构贷款，其利息超出部分由政府给予补贴；给予抵押贷款保证：当社员向银行办理抵押贷款时德国政府作为保证人为社员提供抵押贷款保证；提供合理价格的土地：德国政府会以相对较低的价格将土地出让给住房合作社，有时政府会先购买土地，然后再低价出租给住房合作社；提供税收优惠：对所得税、财产税、土地转移税和交易税等，均以较低税率向合作社征收；提供租金补贴：合作社住宅如用于向社员出租，住房合作社按规定对低收入者降低租金，使房租降低到社员能够负担的水平，降低部分由政府提供租金补贴。

9.12.4 美国

在美国，较早的住房合作社模式是由美国服装工会于20世纪20年代创建的，随后纽约的其他工会组织纷纷效仿，并于1951年成立了联合住宅基金会(UHF)，承建面向中低收入阶层的合作社住房。在后来的50年中，纽约的工会组织成为引领美国住房合作社发展的先锋。1965年UHF建立了一个拥有5860套住宅的合作社，并将之命名为罗虚戴尔村。1972年纽约工会组织在该市北部的布朗克斯区创建了一个合作社城，从而使住房合作社的发展达到了历史最高峰。该合作社城拥有15382套住房和50000名居民，成为世界上最大的单项住房抵押贷款项目。目前，美国住房合作社已覆盖如纽约、华盛顿、芝加哥、迈阿密、明尼阿波利斯、底特律、亚特兰大等主要城市。在美国超过1500万的家庭(包括不同收入水平)生活在由住房协会拥有和管理的房屋中。

随着住房合作社的不断建立，住房合作社之间的联系也逐渐加强。1960年美国成立了住房合作社国家协会。住房合作社国家协会的会员不仅有各个住房合作社，还包括了低级别的住房合作社协会，会员协会，与住宅有关的一些组织，以及居民、住宅方面的专家和对住房合作社感兴趣的个人。住房合作社国家协会的任务：一是为成员服务，提供国家有关住房合作社的信息供交流；二是向公众传播住房合作社的理念；三是帮助居民成立新的住房合作社，加强住房合作社的民主管理。

美国的住房合作社实行产权股份制，合作社住房的产权归住房合作社所有。社员拥有一定的份额控制其居住的住房和财产。社员入社需要缴纳一定数额的股份金，一般低收入家庭为7000美元，高收入者的股份金会相应地提高，同时社员还须按月给合作社缴纳少量的租金，用于支付住房合作社的管理费用和一些代交费用，如财产税、保险费、抵押支付和储备基金等。美国政府对住房合作社也给予了优惠政策：提供低于同期市场利率2%～3%的贷款和提供税收减免，减税幅度一般相当于应缴税款的15%。

美国住房合作社的特点：一是民主管理和专业管理相结合。美国通常是由合作社成员民主选出的理事会代表行使民主管理。除了理事会，合作社还有许多委员会，如会员委员会、生活委员会、活动委员会以及时事分析委员会，通过这些委员会以满足社员不同方面的要求。同时美国住房合作社会聘请专业的经理人或管理公司管理住房合作社，利用他们的专业知识和能力为社员提供更为优良的服务。二是住房合作社种类繁多，以适应不同收入、不同需求人群的需求。如“有限权益合作社”，限制股份的转让，最高价格由合作社章程规定，主要面向中低收入成员；“高级住房合作社”，服务于高收入市民，建造高级公寓、别墅等；“市场级合作社”，其社员购买股份价格由市场决定，收入状况决定购买情况；“满足特殊需要的住房合作社”，服务于一些特殊的人群，如残疾人、老年人、少数民族居民等；“学生住房合作社”，一般在大学校园中，专门为学生服务；“艺术家住房合作社”，这种合作社住房在结构设计和环境选择上迎合艺术家的要求，为他们提供艺术创作的空间。三是美国政府对住房合作社干预少。住房合作社作为住房开发的一种模式，虽然不以营利为目的，但要遵循市场经济规律规范运作。

9.12.5 瑞典

瑞典住房条件比较好，人均住房面积 45m²，平均两人拥有一套住房。从其产权结构来看，地方和中央政府拥有的住房占 1.26%，私房约占 49.5%，非营利企业拥有住房占 21.88%。瑞典的合作住房共有 68.3 万套，占全社会住房的 16.88%，其他占 10.53%。合作住房主要是单元式住房和联排住房，在解决瑞典人民住房问题上发挥了一定的作用。瑞典最大的住房合作社是 HSB(1923 年成立)，其含义为使用人储蓄和建设协会，也可称为合作住房联盟。到 2000 年 HSB 拥有会员 543900 人，住房 358000 套。在 HSB 国家联盟的框架下设立了 42 个区域性的 HSB 协会，3850 家基层分社，35 个区域建房协会，4300 名雇员，40000 名通过选举产生的社员代表。

瑞典的住房合作社在法律上也是非营利性合作住房组织。合作住房的价格仅包含成本费用和合作社长远发展基金，不包括企业利润，物业管理费用也根据实际发生的费用收取，一般比商品房收取的费用低，因而受到居民的青睐。在住房合作社住房的产权方面，住宅的所有权由社员构成的委员会直接所有，社员不直接享有住房的所有权，只享有与其住房面积相对应的份额，通过委员会行使权利的方式间接地拥有住房所有权。在社员权利方面，社员享有对土地和房屋的共同所有权，参与合作社的民主管理，拥有住房居住权，按成本价支付日常管理费，负责住房室内部分维修，可以用其住房到银行抵押贷款等。

瑞典住房合作社在发展过程中也形成了自己的特点：首先，瑞典住房合作社有储蓄功能。社员申请入社后，就要在合作社里储蓄，排队参与建房分房，支付房款后，获得合作住房占有者权利凭证。一些年老的社员也为其子女储蓄，提前排队。以便日后获取住房。储蓄可作为首付款，不够可以到银行贷款。其次，是瑞典住房合作社在民间化和自治性方面比其他国家强。虽然瑞典住房合作社也得到政府和社会的帮助，但是相对其他国家的住房合作社获得的优惠政策要少，如瑞典政府推行土地共有化政策，并利用土地优先购买权和绝对的土地管理权支持住房合作社，瑞典劳动总同盟为了争取职工福利，规定住房合作社不能以追求营利为目的，限制住房合作社的房价，住房合作社基本依靠自身的力量来完成建房，同时政府干预少，合作社的自治性高。

9.12.6 挪威

从产权结构来看，挪威政府拥有公房占社会住房的 4%，私人拥有的住房占 65%，住房合作社拥有住房 15%。挪威的住房合作社产生于 20 世纪初，到目前为止住房合作社大约拥有 40 万名会员，建房 25 万多套。住房合作社的全国性机构是挪威住房合作社协会联合会(NBBL),拥有全国各地99个住房合作社协会,这99个住房合作社协会管理着4200多个住房合作社。挪威最大的住房合作社是欧波斯住房合作社(OBOS),成立于1929年8月19日,拥有会员18万人,建房6万套。OBOS主要目的就是为社员建房和管房,此外还为社员提供储蓄、保险、旅游等方面的服务。自20世纪80年代政府解除对住房市场的管制以来,OBOS的角色也发生了变化,由执行政府住房政策的组织变成了与其他工商企业一样,在同一条件下参与市场竞争。

挪威的住房合作社发展经历了三个发展阶段:第一阶段是20世纪初到第二次世界大战时期。20世纪初住房合作社在挪威出现,并得到发展。住房合作社以社团的形式运作,政府既不给予特殊的帮助,对其也不进行干预和压制,住房合作社利用其自身的优势发展壮大。第二阶段是第二次世界大战后到20世纪80年代,国家对住房市场进行管理,住房合作社也受政府控制,成为其推行住房政策的工具。第二次世界大战后,住房严重短缺,挪威政府实施积极的住房发展政策,提供优惠政策鼓励住房合作社建房,如为其提供低成本的土地、政府拨款、补贴性贷款等,但住房合作社的住房必须由政府管制,接受政府调控,如住房合作社的房价受政府限制。这样既可达到推行政府住房政策的目的,又可减少政府工作量和财政支出。在此基础上,1960年挪威颁布了住房合作社法。第三阶段是20世纪80年代之后,住房问题已经得到有效解决,政府废除了对住房市场的管制。国家对住房合作社建房的优惠政策减少,同时对住房合作社住房的价格也不实行限制。住房合作社又恢复成为一个真正的民间组织、自治组织、互助组织,凭借自身的特点参与房地产企业的竞争。

资料来源:陆介雄等 住宅合作社立法研究 法律出版社 2006

刘勇 国外住宅合作社的发展概貌(上)中国合作经济 2005 No.7

搜狐焦点网北京站业主论坛——孟宪生论坛 2004.12.31

10 住房价格与家庭负担率

10.1 美英德日住房价格与家庭负担率

国家	年份	单位	新建住房平均价格(A)	家庭平均年收入(B)	负担率(A/B)
美国	2007	美元	247900	61355	4.04
英国	2007	英镑	224380	53617	4.18
德国	2006	欧元	145688	41868	3.48
日本(全国)	2008	万日元	3551	717	4.95
日本(首都圈)	2008	万日元	4775	791	6.04

资料来源：日本　住宅经济数据集　2009

10.2 第五届 Demographia 国际住房支付能力调查 265 个城市房价收入比

	3.0 和以下	3.1～4.0	4.1～5.0	5.1 及以上	城市总计	房价收入比
澳大利亚	0	0	3	24	27	6.0
加拿大	10	15	5	4	34	3.5
爱尔兰	0	0	2	3	5	5.4
新西兰	0	0	1	7	8	5.7
英国	0	0	6	10	16	5.2
美国	77	59	23	16	175	3.2
总计	87	74	40	64	265	—

注：这项调查的组织者将住房支付能力分为四类：①房价为收入的 3 倍及以下为“可负担”；②4 倍或以下为“中度不可负担”；③5 倍或以下为“较严重不可负担”；④超过 5 倍为“严重不可负担”。

资料来源：5th Annual Demographia International Housing Affordability Survey：2009

10.3 第二、三、四、五届 Demographia 国际住房支付能力年度调查各国房价收入比

	调查城市数量	澳大利亚	加拿大	爱尔兰	新西兰	英国	美国
2006 第二届	100	6.2	3.8	6.0	5.9	5.9	4.6
2007 第三届	159	6.6	3.2	5.7	6.0	5.5	3.7
2008 第四届	227	6.3	3.1	4.7	6.3	5.5	3.6
2009 第五届	265	6.0	3.5	5.4	5.7	5.2	3.2

资料来源：2nd Annual Demographia International Housing Affordability Survey：2006
3rd Annual Demographia International Housing Affordability Survey：2007
4th Annual Demographia International Housing Affordability Survey：2008
5th Annual Demographia International Housing Affordability Survey：2009

10.4 美国国家不动产商会（National Association of Realtors，NAR）发布的美国住房可支付性指数（Housing Affordability Index，HAI）

年度	HAI 指数		
	综合 HAI	固定利率抵押贷款的 HAI	调整利率抵押贷款的 HAI
1980	79.9	79.9	79.9
1981	68.9	68.9	68.9
1982	69.5	69.4	69.7
1983	83.2	82.0	85.6
1984	89.1	84.6	92.1
1985	94.8	89.6	100.6
1986	108.9	105.7	116.3
1987	114.2	107.6	122.4
1988	113.5	103.6	122.0
1989	110.4	105.9	116.8
1990	113.6	110.6	122.8
1991	116.6	113.5	128.3
1992	129.7	124.9	150.8

续表

年度	HAI 指数		
	综合 HAI	固定利率抵押贷款的 HAI	调整利率抵押贷款的 HAI
1993	138.1	133.0	160.4
1994	135.1	125.2	153.3
1995	132.3	126.6	143.3
1996	133.3	129.6	142.9
1997	133.9	130.8	145.3
1998	141.1	139.7	151.0
1999	139.1	136.3	150.4
2000	129.6	128.0	141.7
2001	135.7	135.7	145.5
2002	135.0	132.7	148.3
2003	140.6	127.6	142.8

注：HAI(Housing Affordability Index)是国外比较成熟的房地产市场分析指标，用来评价居民住房支付能力。当中位收入家庭正好能够承受中位房价的住房时，HAI 为 100；当家庭只能承受更低价格的住房时，HAI 小于 100；HAI 大于 100，则说明该家庭能够承受价格更高的住房。

资料来源：http：//www.realtor.org/Research.nsf/Pages/HousingInx

10.5 美国“首次购房者”可支付性指数

年份	季度	起步住房平均价	10%首付款	贷款额	实际利率	实际利率加抵押权保险	月供	首次购房者家庭平均收入	按揭申请资格的年收入	NAR 首次购房指数	综合指数
2006		188600	18860	169740	6.58	6.83	1110	37965	53280	71.3	107.6
2007		185200	18520	166680	6.52	6.77	1083	39881	51984	76.7	115.8
2008		167100	16710	150390	6.15	6.40	941	40320	45168	89.3	134.9
2008	Ⅲ	170300	17030	153270	6.41	6.66	985	40193	47280	85.0	128.3
2008	Ⅳ	153200	15320	137880	6.03	6.28	852	39943	40896	97.7	147.7
2009	Ⅰ	142200	14220	127980	5.16	5.41	719	39770	34512	115.2	174.1
2009	Ⅱr	148100	14810	133290	5.02	5.27	738	39519	35424	111.6	168.9
2009	Ⅲp	151200	15120	136080	5.30	5.55	777	39270	37296	105.3	159.3

注：“首次购房者”主要指资产积蓄不多、收入不高的年轻人初次购房家庭——编者

资料来源：National Association of Realtors(http：//www.realtor.org/research/research/housinginx)

10.6 美国住房建造者协会(NAHB)1991～2007 年住房机会指数(HOI)

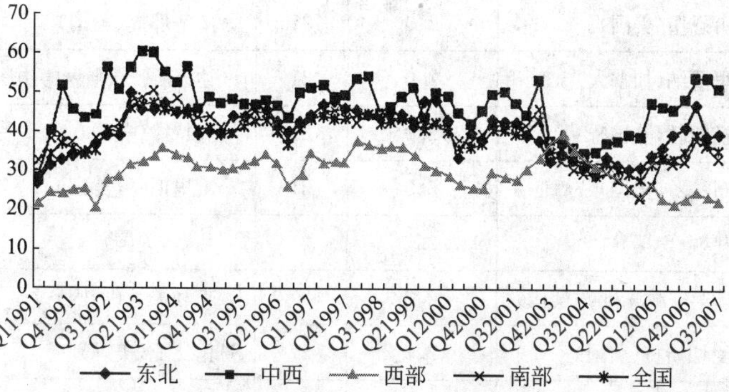

注：该指数是指当地出售的住房有多少比例是中间收入水平的家庭能支付得起的。美国住房建造者协会按照10%首付和30年期限的贷款标准来计算按揭月付，然后计算每月住房支出，不仅包括按揭月付也包括不动产税和住房保险。美国住房建造者协会认为，只有每月住房支付低于月家庭总收入的28%，才是有支付能力的。

资料来源：陈杰　城市居民住房解决方案——理论与国际经验　上海财经大学出版社　2009

10.7 几个国家城市住房支付能力比较

最不具有住房支付能力的 26 个城市

排位	城市(国家)	房价收入比	排位	城市(国家)	房价收入比
1	洛杉矶(美国)	11.4	14	迈阿密(美国)	7.6
2	圣地亚哥(美国)	10.5	14	蒙德斯特(美国)	7.6
3	火奴鲁鲁(美国)	10.3	16	加迪夫(英国)	7.5
4	旧金山(美国)	10.1	17	布里斯托尔(英国)	7.3
5	温雀县(美国)	9.4	18	佛雷斯诺(美国)	7.2
6	斯图克顿(美国)	8.6	18	纽约(美国)	7.2
7	悉尼(澳大利亚)	8.5	20	霍巴特(澳大利亚)	7.0
8	圣何塞(美国)	8.4	21	奥克兰(新西兰)	6.9
9	伦敦(英国)	8.3	22	伦敦郊区(英国)	6.9
10	伯恩茅斯(英国)	8.2	23	墨尔本(澳大利亚)	6.6
11	珀斯(澳大利亚)	8.0	23	萨克拉曼多(美国)	6.6
12	河边(美国)	7.9	23	萨拉索塔(美国)	6.6
13	温哥华(加拿大)	7.7	23	维多利亚(加拿大)	6.6

续表

具备住房支付能力的城市

排位	城市(国家)	房价收入比	排位	城市(国家)	房价收入比
1	韦恩堡(美国)	2.0	21	辛辛那提(美国)	2.7
1	里贾纳(加拿大)	2.0	21	达拉斯—沃斯堡(美国)	2.7
1	扬斯敦(美国)	2.0	21	底特律(美国)	2.7
4	布法罗(美国)	2.3	21	哈里斯堡(美国)	2.7
4	代顿(美国)	2.3	21	兰辛(美国)	2.7
4	印第安纳波利斯(美国)	2.3	27	克利夫兰(美国)	2.8
4	罗切斯特(美国)	2.3	27	哥伦比亚(美国)	2.8
8	阿克伦(美国)	2.4	27	堪萨斯城(美国)	2.8
9	大湍流(美国)	2.5	27	圣路易斯(美国)	2.8
9	奥马哈(美国)	2.5	31	亚特兰大(美国)	2.9
9	魁北克(加拿大)	2.5	31	哥伦布(美国)	2.9
9	托莱多(美国)	2.5	31	休斯敦(美国)	2.9
9	威奇托(美国)	2.5	31	路易斯维尔(美国)	2.9
9	温尼伯湖(加拿大)	2.5	31	纳什维尔(美国)	2.9
15	得梅因(美国)	2.6	31	俄克拉荷马城(美国)	2.9
15	哈特斯维尔(美国)	2.6	31	渥太华(加拿大)	2.9
15	西北印第安纳(美国)	2.6	31	斯克兰顿(美国)	2.9
15	匹兹堡(美国)	2.6	39	小石城(美国)	3.0
15	萨斯卡(加拿大)	2.6	39	伦敦(加拿大)	3.0
15	锡拉丘兹(美国)	2.6	39	沃赛华(加拿大)	3.0
21	奥古斯塔(美国)	2.7	39	塔尔萨(美国)	3.0

注：通过2006年9月对澳大利亚、加拿大、爱尔兰、新西兰、英国和美国等6个国家159个城市住房市场数据的调查显示，具备住房支付能力的城市42个，最不具备住房支付能力的城市26个。

资料来源：3rd Annual Demographia International Housing Affordability Survey：2007。

10.8 日本职工家庭居住费用支出占收入的比例

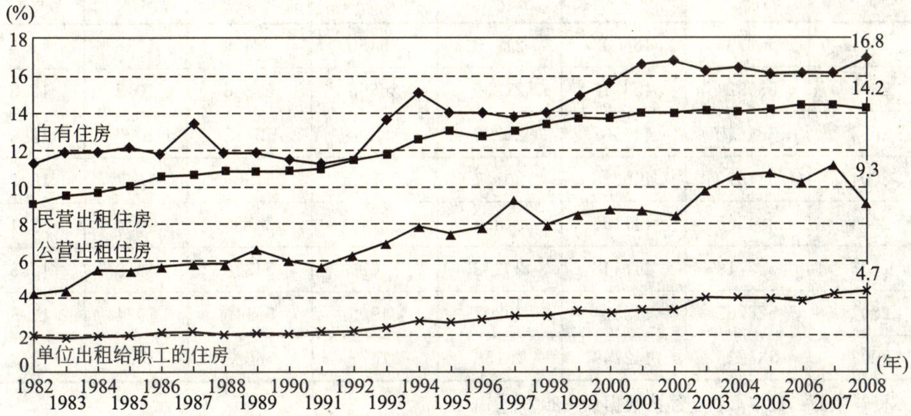

注：自有住房的居住费用为房地产购置借款的返还额；出租住房的居住费用包括房租和土地费。

资料来源：日本　住宅经济数据集　2009

10.9 日本职工家庭居住费用支出

（单位：日元/月，%）

年份	总收入 A	可支配收入 B	房租、土地费、修缮费等 C	借款返还额 D	居住费 E=C+D	居住费所占比例	
						E/A	E/B
1975	236152	215509	8419	4470	12889	5.5	6.0
1980	349686	305549	11297	11930	23227	6.6	7.6
1985	444846	373693	13748	20117	33865	7.6	9.1
1992	563855	473738	20191	22918	43109	7.6	9.1
1993	570545	478155	20258	28103	48361	8.5	10.1
1994	567174	481178	22446	31062	53508	9.4	11.1
1995	570818	482174	23412	29572	52984	9.3	11.0
1996	579461	488537	24679	29562	54241	9.4	11.1
1997	595214	497036	24114	29647	53761	9.0	10.8
1998	588916	495887	22242	32466	54708	9.3	11.0
1999	574676	483910	22614	32598	55212	9.6	11.4
2000	562754	474411	21716	34854	56570	10.1	11.9

续表

年份	总收入 A	可支配 收入 B	房租、土地 费、修缮 费等 C	借款返 还额 D	居住费 E=C+D	居住费所占比例	
						E/A	E/B
2001	552734	466003	21978	36450	58428	10.6	12.5
2002	539924	453716	21200	36666	57866	10.7	12.8
2003	524810	440667	22222	33190	55412	10.7	12.6
2004	531690	446288	20877	36803	57680	10.7	12.7
2005	524585	441156	21839	32711	54550	10.4	12.4
2006	525719	441448	20292	34024	54316	10.3	12.3
2007	528762	442504	20207	34909	55116	10.4	12.5
2008	534235	442749	19156	37477	56633	10.6	12.8

资料来源：日本　住宅经济数据集　2009

10.10　日本职工家庭租房费用支出

（单位：日元/月，%）

年份	公营出租住房			民营出租住房		
	总收入 A	房租、土地费 B	支出比例 B/A	总收入 C	房租、土地费 D	支出比例 D/C
1975	206172	4478	2.2	193984	14793	7.6
1980	281495	11963	4.2	282642	24387	8.6
1985	334244	18518	5.5	342590	34583	10.1
1992	434435	27341	6.3	455783	52151	11.4
1993	422836	29662	7.0	473355	55300	11.7
1994	428640	33703	7.9	459114	57616	12.5
1995	406412	30475	7.5	461046	59749	13.0
1996	416599	32451	7.8	466721	59033	12.6
1997	429198	40020	9.3	466409	60322	12.9
1998	419359	33204	7.9	458215	61306	13.4
1999	388573	33067	8.5	461530	63231	13.7
2000	380160	33320	8.8	459826	62693	13.6
2001	380161	33112	8.7	437834	61135	14.0
2002	368917	31161	8.4	432178	60228	13.9
2003	359838	35339	9.8	430474	60590	14.1

续表

年份	公营出租住房			民营出租住房		
	总收入 A	房租、土地费 B	支出比例 B/A	总收入 C	房租、土地费 D	支出比例 D/C
2004	345955	36735	10.6	438430	61535	14.0
2005	331842	35679	10.8	444836	62849	14.1
2006	349292	35983	10.3	425898	61267	14.4
2007	322668	36063	11.2	428694	61922	14.4
2008	335151	31004	9.3	424884	60285	14.2

资料来源：日本　住宅经济数据集　2009

10.11　日本职工家庭住房借款返还负担率

（单位：日元/月，%）

年份	总收入 A	可支配收入 B	土地、住房借款返还额 C	返还负担率 C/A	返还负担率 C/B
1982	483635	404821	55103	11.4	13.6
1983	498157	413549	59266	11.9	14.3
1984	519714	432173	61853	11.9	14.3
1985	538983	444139	64940	12.0	14.6
1986	551442	452913	65346	11.9	14.4
1987	554445	457984	74343	13.4	16.2
1988	579768	481596	68939	11.9	14.3
1989	596043	498487	70324	11.8	14.1
1990	633799	524495	72707	11.5	13.9
1991	677822	562476	76211	11.2	13.5
1992	689038	567521	78378	11.4	13.8
1993	675836	556631	91254	13.5	16.4
1994	679533	567824	101530	14.9	17.9
1995	679494	564487	94674	13.9	16.8
1996	704071	583052	98901	14.0	17.0
1997	704354	579334	96670	13.7	16.7
1998	697879	580337	96808	13.9	16.7
1999	666890	555896	99172	14.9	17.8
2000	653760	545334	101770	15.6	18.7
2001	644779	537701	106995	16.6	19.9

续表

年份	总收入 A	可支配收入 B	土地、住房借款返还额 C	返还负担率 C/A	返还负担率 C/B
2002	647108	537586	108167	16.7	20.1
2003	613979	509139	99616	16.2	19.6
2004	624314	517991	102263	16.4	19.7
2005	619833	516135	99775	16.1	19.3
2006	622014	516582	99960	16.1	19.4
2007	624128	515563	99996	16.0	19.4
2008	622599	510685	104475	16.8	20.5

资料来源：日本　住宅经济数据集　2009

10.12　日本首都圈住宅价格与家庭负担

项目＼年份		1997	1998	1999	2000	2001	2002	2003	2004	2005	2006	2007	2008
年收入(万日元)		853	896	859	815	813	823	783	796	790	794	798	791
家庭公寓住房	价格(万日元)	4374	4168	4138	4034	4026	4003	4069	4104	4107	4200	4644	4775
	负担率	5.1	4.7	4.8	4.9	5.0	4.9	5.2	5.2	5.2	5.3	5.8	6.0
	建筑面积(m^2)	70.3	71.0	71.8	74.7	77.0	78.0	74.7	74.62	75.36	75.7	75.6	73.5
建后出售住房	价格(万日元)	5864	5698	5552	5234	4821	4733	4590	4535	4533	4724	4867	4682
	负担率	6.9	6.4	6.5	6.4	5.9	5.8	5.9	5.697	5.7	5.9	6.1	5.9
	用地面积(m^2)	171.1	158.4	157.3	152.0	142.4	141.7	140.3	140.3	143.7	150.6	145.7	144.5
	建筑面积(m^2)	118.7	114.0	113.3	111.5	107.8	107.2	106.4	105.4	106.2	108.8	107.7	106.3

资料来源：日本　住宅经济数据集　2009

11 住 房 市 场

11.1 世界各大城市2008年市中心区房价

序号	城 市 名 称	市中心区房价(美元/m^2)
1	英国伦敦(最核心的)	24250
2	美国纽约	15933
3	俄罗斯莫斯科	15531
4	英国伦敦(其他豪华的)	15202
5	法国巴黎	13826
6	日本东京	11870
7	新加坡	11800
8	印度孟买	10222
9	西班牙巴塞罗那	9871
10	瑞士日内瓦	7534
11	瑞士苏黎世	7376
12	澳大利亚悉尼	7085
13	西班牙马德里	7021
14	特克斯群岛和凯科斯群岛	5724
15	以色列特拉维夫	5021
16	加拿大多伦多	4737
17	新西兰奥克兰	4438
18	波兰华沙	4383
19	开曼群岛	4234
20	阿联酋迪拜	4066
21	巴哈马群岛	3998
22	加拿大蒙特利尔	3779
23	德国慕尼黑	3613
24	俄罗斯圣彼得堡	3417

续表

序号	城 市 名 称	市中心区房价(美元/m^2)
25	特立尼达和多巴哥(拉丁美洲岛国)	3174
26	德国法兰克福	2843
27	泰国曼谷	2819
28	南非开普敦	2784
29	德国柏林	2462
30	印度新德里	2107
31	保加利亚索非亚	2032
32	摩洛哥玛拉喀什	1973
33	菲律宾马尼拉	1969
34	土耳其君士坦丁堡	1867
35	巴拿马城	1783
36	马来西亚吉隆坡	1400
37	南非约翰内斯堡	1376
38	约旦安曼	1261
39	哥斯达黎加圣荷西	1255
40	黎巴嫩贝鲁特	1237
41	印度尼西亚雅加达	1068
42	印度班加罗尔	980
43	埃及开罗	569

资料来源:“全球不动产导航”网站数据

11.2 世界各主要城市2008年公寓月租金

序号	城市名称	公寓租金(美元/套($120m^2$))
1	英国伦敦(高档地段)	12989
2	俄罗斯莫斯科	8122
3	美国纽约	7976
4	英国伦敦(其他地区)	7866
5	日本东京	5570
6	法国巴黎	5560
7	澳大利亚悉尼	4145
8	瑞士日内瓦	3616

续表

序号	城市名称	公寓租金(美元/套(120m²))
9	俄罗斯圣彼得堡	3395
10	印度孟买	3380
11	新加坡	3300
12	加拿大多伦多	3192
13	阿联酋迪拜	3140
14	巴哈马群岛	3091
15	以色列特拉维夫	3083
16	瑞士苏黎世	2788
17	波兰华沙	2607
18	加拿大蒙特利尔	2566
19	西班牙巴塞罗那	2562
20	新西兰奥克兰	2479
21	菲律宾马尼拉	2210
22	泰国曼谷	2154
23	特立尼达和多巴哥(拉丁美洲岛国)	2072
24	西班牙马德里	2018
25	巴拿马城	1866
26	印度新德里	1777
27	德国慕尼黑	1616
28	德国法兰克福	1609
29	摩洛哥玛拉喀什	1511
30	土耳其君士坦丁堡	1507
31	德国柏林	1326
32	印度尼西亚雅加达	1288
33	马来西亚吉隆坡	1247
34	南非约翰内斯堡	1231
35	南非开普敦	1221
36	约旦安曼	1213
37	印度班加罗尔	1200
38	保加利亚索菲亚	1194
39	哥斯达黎加圣荷西	1158
40	黎巴嫩贝鲁特	923
41	埃及开罗	364

资料来源：“全球不动产导航”网站数据

11.3 美英法日既有住宅市场流通比例

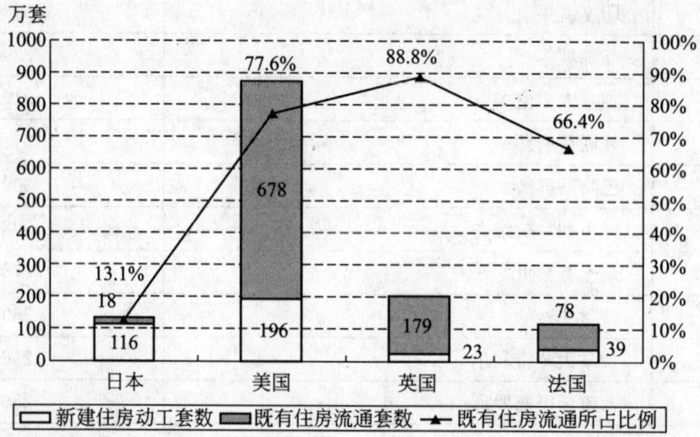

资料来源：日本　住宅经济数据集　2009

11.4 世界部分国家不动产相关税收概况

11.4.1 美国

不动产保有税归在财产税项下，税基是房地产评估值的一定比例。目前美国的50个州都征收这项税收，各州和地方政府的不动产税率不同，大约平均为1%～3%。

二手房交易需缴纳的税种主要归在交易税、遗产赠予税和所得税项下。交易税税率约为2%，在房地产买卖时缴纳。遗产赠予税：房地产作为遗产或被赠予时才征收，规定超过价值60万美元的遗产或每次赠送价值超过100万美元的物品才征税。个人所得税实行超额累进税率，最低税率为15%，最高税率为39.9%，房地产出租形式的收入适用于此税。对于短期炒作，即未拥有产权1年就要买卖的房屋，卖房收入列入个人本年度的总收入，税收比例可高达33%左右，而拥有产权超过1年以上的房屋即称为长期投资，卖房时须缴付20%左右的税。

上述税收的第一用途是用于本区中小学、图书馆、社区公园等公共设施的建设和绿化等，即不动产税取之于周边，用之于社区。不动产税与房价往往能形成良性循环，高不动产税往往会提升社区质量，从而提升房价和租金。

11.4.2 日本

财产税主要是对房地产等不动产课征的不动产取得税、固定资产税、城市规划税、注册执照税等，同时还有遗产继承税和赠予税。固定资产税的标准税率为1%。日本征收财产税一方面是为了增加财源，另一方面也是为了提高土地和房产的使用效率。日本规定住房转让时买方应缴纳固定资产取得税，税率为3%，卖方应缴纳利润所得税，税率为扣除项目费用后的20%～30%。

11.4.3 瑞典

不动产税：征收额度为不动产税务评估价值的0.5%～1%。自2001年起，对于单栋独户住房，税率为1%，对共同产权型的公寓住宅，税率为0.5%。

税务评估价值一般相当于税务局所认定的市场价值的75%。但为了鼓励多建房屋，新建住房5年内免税，接下来5年按照50%税务评估价值起征。从2001年起，根据法律规定，对于靠正常收入维持的家庭，不动产税最高不能超过其家庭收入的5%。

房产出租收入营业税：按照抵扣后出租收入的30%缴税。出租收入的税基计算：首先从出租房子收入总额中免除4000瑞典克朗，然后如果是房子主人自己出租，还可以再免除其中的20%，剩下余额缴税。

房产出售收益的增值税：售房价格，在扣减房子买入价格、中介的交易费、装修费用后，如果有盈利，按盈利的2/3缴纳30%的所得税，但如果亏本，亏损的全部都可以在个人所得税的税基总额中抵扣。这不仅适用于单栋独立住房，也适用于公寓型住房。

房屋交易流转税：向买主征收。税率是，如果是个人，则为1.5%，如果是公司/法人，则为3%。税基根据出售价格或者税务评估价格，取两者高值。

住房抵押贷款印花税：按照住房抵押贷款总额的2%征收。

财富税：任何形式的净财富(市值减去贷款)包括房产净值都要征收财富税。2005年，如果单个人的净财富超过150万瑞典克朗，都要按照超过这个数值差额的1.5%缴税。对于房产的价值认定也是采用税务价值，一般相当于税务局所评估的当前市场价值的75%。股票价值按照市面价值的80%认定。2004年有33万瑞典人(相当于瑞典总人口的3%)缴纳了财富税，总额为52亿瑞典克朗。

11.4.4 法国

不动产税：持有不动产者，每年按3%的公平市场价值纳税。公司将自己房产装修后出租，按税基的84%缴纳15%～30%的营业税。税基包括公司房产的出租价值，或16%的公司所付出租金。房地产投资收益税：参照法国公司税，按扣除合理费用后收益的33.33%纳税，包括买卖房地产公司的股票。房地产交易税：超过5年以上房龄的房产，其房地产交易，按照交易价格和公平市场价值中的高者的5.09%缴纳。买卖房地产公司股票，缴纳5%的交易税。房地产增值税：5年以下新房，按成交价格的19.6%缴纳增值税。另外，按成交价格和公平市场价值中高者，缴纳0.715%物产登记税。

11.4.5 德国

不动产税：根据评估价值的1%～1.5%征收。房地产投资收益税：参照德国公司税，按扣除合理费用后的收益的25%纳税，包括买卖房地产公司的股票。交易税：根据交易价格或评估价值的3.5%征收，包括房地产股票。

11.4节资料来源：陈杰　城市居民住房解决方案——理论与国际经验　上海财经大学出版社　2009

广州日报　2009.06.05

11.5 日本住房市场调控和管理

(1) 政府规范住房市场秩序、调控住房市场的目标、手段和方法

目标：在维持住房市场秩序，确保住房市场总体稳定的前提下，保证国民最低居住水平并且满足其追求提高居住水平、居住质量和居住环境的要求，保持社会总体平衡发展。

主要手段：

① 立法。日本政府首先在立法上进行了制度支持。如日本政府先后制定实施了《住房金融公库法》(1950年)、《公营住宅法》(1951年)、《日本住宅公团法》(1955年)、《城市住房计划法》(1966年)等。此后又陆续制定了一系列相关法规，逐步建立健全保障住房和规范住宅市场的法律体系，这类法律共颁布40多部。

② 积极做好基础设施建设，为充分发挥市场机制功能创造条件

具体做法是积极提供有利于稳定地价、住宅价格和房租的住宅和宅基地等。同时，高度重视交通在居住区建设中的重要性。地方政府重视住宅的维修养护和管理，投入资金较大。同时，通过优惠政策鼓励私营企业投资旧区或旧住宅更新改造。鼓励发展二手房交易市场，近年来交易规模呈扩大趋势。

(2) 调节住房供给结构，增加中小户型普通商品住房供给

日本政府主要通过制定住房发展规划，制定指导性住房标准，增加公共供给，来对住房市场施加导向性影响，但对民间供给并不具有强制力。1966年至

2005 年，日本政府已经实施了 8 个“住房建设五年规划”。在每个五年住房发展计划中，注重因地制宜，引导目标区分为都市型标准和一般型标准(都市型指大城市中心区及周边地区住宅和公寓住宅，一般型指大城市郊区及中小城镇的独立住宅)。同时，日本政府按不同收入阶层分别确定对应的发展目标，可分为基本保障性目标和引导性标准。基本保障性目标指同地区最低住房保障目标，引导性目标指政府提倡和预期计划期将达到的目标，如第六、七个五年计划和新的《住宅生活基本法》中，4 口之家基本保障型住房使用面积标准都是 $50m^2$。《住宅生活基本法》确定的都市居住型和一般型目标分别为 $95m^2$ 和 $125m^2$，并根据每年计划的建设量确定每五年能达到的基本保障型和引导型标准的比例。通过这种方法，基本有效地保证了市场上符合普通消费者需要的商品房能够保持一定比例，对于防止民间过度开发大户型高档商品住房具有一定积极作用。此外，政府还通过诸如环境影响及基础设施承载影响评估等技术标准对新开工住房户型等作出政策性规定。

(3) 遏制住房投资投机性需求扩张和房价、地价过快上涨的政策措施

① 灵活掌控公共供给，保持市场房源的相对充足。在公共供给和民间供给两大住房来源中，政府可以直接控制公共供给。当市场住房相对紧张、房价出现明显上涨倾向时，政府会适度增加公共供给数量；当住房市场相对萧条时，政府会放慢公共供给的步伐，改由民间供给主导市场，以充分发挥市场功能。

② 税收调节。日本住房转让时买方应纳税为固定资产取得税，税率为 3%。出卖方纳税税种为利润所得税，税率在扣除项目后按 20%～30%缴纳。在住房持有环节，征税主要是不动产税，税基按评估值的 80%计征，税率为 1%。

③ 大力发展基础交通设施，扩大普通居民便捷活动范围，间接增加了土地供应量和住房供应量，一定程度上有助于抑制地价和房价过快上涨。

④ 住宅用途严格限转。所有物业都须按原土地使用用途使用，不得随意更改，防止住宅用地挪作他用导致住宅用地减少，从而出现地价乃至房价飞涨现象。

⑤ 严格控制外籍人士购房。对于外籍人士购房，通过金融手段进行调节，控制金融风险。对自有资金不限制，对贷款购房，则在利率、贷款比例、还款期限等方面与本国居民要有较大差别。

(4) 住房市场监管制度和办法(包括政府管理住房的机构设置、法律法规等，特别是住房金融等机构的作用)

日本政府设有专门的决策协调机构——建设省(现国土交通省)住宅局，代表政府行使住房建设决策和管理监督的职能。在建设省住宅局的统管之下，日本政府构建了以日本住宅金融公库、日本住宅都市整备公团和地方住宅供给公社为主体的社会保障性住房供应体系。其中住宅金融公库作为政策性住房金融机构，承担为住房建设和购买住房提供长期低息资金的住宅资金融通职能，公团和公社则

直接建造和提供公共住宅。

住宅金融公库是直接隶属于政府的法定机构。它依照《住宅金融公库法》的规定向自建或购买住宅的国民提供长期、稳定的低息贷款，为民间住房信贷机构提供贷款保险，并向建造出租用住宅的土地所有者提供贷款。住宅金融公库对贷款利率和额度的控制体现了政府对中低收入者的支持。

1981年住宅公团与宅地开发公团合并成立了住宅都市整备公团。公团为非营利性质，直接隶属于中央政府，面向全国居民提供住宅。公团主要职能是以中心城市为主，以中等收入阶层为对象，直接建造低成本住宅，向中等收入家庭出售、出租。

资料来源：中国驻日本经济商务参赞处资料

11.6 韩国2006年后抑制房价措施

(1) 限制与规范交易

在住宅价格增长过快的地区进行是否是“投机过热地区”的认定。一旦被认定为“投机过热地区”，在签订购买公寓合约1年后，且满足一定条件，方能转卖出售，如果在最近5年内有过中标事例或拥有两处以上住宅的家庭将被排除优先预售行列，必要时实施禁止住宅预售权转让制度；逐步建立住宅实际交易价格申报制度，根据住宅实际买卖价格征收房地产登记税；2007年9月起改变新房销售体系，优先售房给带有至少两个小孩的无房户和那些已经长期拥有房屋的年长者，不过那些单身和刚结婚的夫妇则也因此面临更大的买房困难；2007年的“1.11对策”禁止首都圈所有新住房在5～7年内进行转让交易。

(2) 紧缩按揭融资

2006年的“3.30对策”，宣布从当年4月5日起针对首尔江南、京畿盆唐等被认定为“投机过热地区”内市价超过6亿韩元的公寓申请贷款时，引进“总负债偿还比率”制度，要求贷款本利金偿还额和其他负债利息偿还额加在一起的金额不超过申请人年收入的40%。2006年“11.15对策”规定金融机构提供住房贷款的额度不能超过房屋实际市场价格的40%。2006年内央行三次提息。但由于商业银行竞争房贷十分激烈，按揭房贷款利率上升不大，2006年12月加权平均利率为5.88%，仅比一年前上升0.28个百分点。为此，韩国央行转而采取数量方法控制货币供给。2006年11月23日，韩国央行将一年期以下存款储备金率从5%提高到7%，同时将长期存款准备金率从1%下调至0，从12月23日起生效。这是韩国自1990年以来首次上调存款准备金率。2007年的“1.11对策”对“投机过热地区”按揭贷款规定一人最多只能贷款一次。

（3）抑制土地倒卖

2006 年的“3.30 对策”，宣布从 2007 年1月 1 日起，对于非土地所有人自住的土地交易征收 60％的交易税。从韩国建设交通部的统计来看，新政策出台后，韩国的土地价格涨幅从 2006 年 4 月开始放缓，土地成交量则迅速萎缩，减少了 36.3％。

（4）打击房产投机

为进一步抑制住房投机现象，韩国政府 2006 年 4 月将转让第二套以上住宅的收益所得税再次提高到 50％，以打压炒房投机的收益。对拥有 3 套以上住宅的居民户转让房地产课以 60％的高标准转让税；对那些在全国拥有公寓累计价值在 9 亿韩元以上的个人，将征收 1％～4％的房屋拥有税、财产税、综合地产税（后来因形势的变化，将纳税的标准下降到 6 亿韩元，最后是 3 亿韩元）；对多套住宅拥有者进行税务调查，对因房地产投机得来的利润课以重税。2007 年的“1.11 对策”在全国范围对房价施行最高限价。

（5）积极增加住房供应

“3.30 房地产对策”中提出，为促进首尔江北地区的开发，决定到 2006 年 9 月为止，在江北地区选定 2～3 个“城市重新整顿推进地区”示范区，并为其大幅放宽容积率和楼层高度限制；与此同时，为保证重建开发融资，重建开发利益最多要交给国家 50％的“重建开发负担金制”从 2006 年 8 月开始全面执行。2006 年 10 月宣布增加建设大规模新城（600 万坪级别）和扩大在建新城规模的计划。随后政府在 2006 年 11 月 15 日公布的“11.15 房地产对策”中，决定扩大对金浦、坡州等新城市的开发，并提高建筑容积率，缩短建设工期约 1 年，增加小户型，将截止到 2010 年公共租赁住房楼盘供应量比原计划增加了 12.5 万套，扩大到 86.7 万套；同时还放开对民间住宅用地的限制，向上放宽容积率，改进多户型住房建筑限制，使民间宅地新建住房截止到 2010 年累计新增加 77.3 万套。也就是说，韩国截至 2010 年应总计供应 164 万户新住房。这样，自 2007 年起 4 年间，首都圈年均住房供应量达到 36 万户，将超过首都圈年需求量 30 万户。与此同时，研究进一步扩大公开房屋成本价的方案，并向新城市周边的基础设施建设增加投入预算，以期通过这一系列政策将房价调低 25％左右，其中 8％的降幅来自容积率降低，10％来自土地价格计算的调整，6％来自建筑工期缩短。2007 年的“1.31 对策”则计划把长期公共租赁房的存量从 2006 年的 80 万套增加到 2017 年的 340 万套，在全部住房存量中的比重从 6％上升到 20％。

（6）改革售房制度

新住宅要完成 80％的工程量才允许预售，但对民间开发公寓保留预购销售的制度。2007 年 4 月起还要求建筑商公开所有公共和民用公寓房屋成本，同年

11月起在首都执行。

(7) 措施实施效果

自2006年“3.30房地产对策”以及后续一系列措施出台后，韩国住房市场就开始出现浓厚的观望气氛，尤其二套住房交易重税，对房产投机者造成巨大的心理压力。首尔江南地区的平均房价在政策宣布的当月就下跌了0.29%，在江南开浦住宅区，面积在40～57m^2的小户型公寓价格一个月内下滑了2万美元。而“11.12房地产对策”出台，房价彻底企稳，2006年下半年房价虽反弹强烈但交易量其实已经不大，11月韩国房价环比上涨了3.1%(首尔4.8%)，双双刷新了1990年4月之后16年7个月以来新高，部分地区甚至还出现单月15%的涨幅，但已是最后的疯狂，当时已有一些地区房价出现稳定迹象，甚至釜山地区还轻微下跌，而进入12月后全国范围内房价就基本都没有涨幅了。首尔的公寓交易量从2006年的19万套下降到2007年的15万套，下降25%，其中10月之后同比下降2/3。

韩国建设交通部2007年4月27日宣布，随着一系列调控政策，包括以扩大施行出让价上限制为主要内容的《住宅法》修正案获得国会通过，以及住宅担保贷款规定发挥作用，韩国各地(包括首都圈和首尔)房价，在自2005年1月持续上涨2年零3个月后，首次实现同时下降。综合2007年全年表现来看，韩国房地产市场实现了软着陆。

资料来源：陈杰　城市居民住房解决方案——理论与国际经验　上海财经大学出版社　2009

12 住 房 金 融

12.1 国外住房金融的四大融资模式

分类	公共住房银行模式	强制住房储蓄模式	合同住房储蓄模式	商业资本市场模式
运作说明	政府设立政策性住房银行，从财政或资本市场吸纳资金，执行政策性融资	政府强制居民进行住房(专项)储蓄，汇集住房贷款资金；参加者可获得优惠住房贷款	通过契约吸纳存款成为住房贷款资金来源；住房贷款发放与存款挂钩或不挂钩	通过吸存居民活期与定期存款、储蓄存款或者在二级市场发放抵押贷款证券来获得住房贷款资金来源
典型代表	日本住宅金融公库，韩国国家住宅基金（NHF），挪威、芬兰等的国家银行；美国联邦住房贷款银行(FHLB)	新加坡的中央公积金、巴西的失业与保障公积金	德国和奥地利住房储蓄银行、法国住房储蓄计划	美国、英国、澳大利亚、韩国等大多数国家的主要住房金融市场
贷款资金来源	政府财政或者会员单位集体，资本市场	会员职工工资收入	股本投入、居民或会员契约储蓄	居民的活期与定期存款，储蓄存款；资本市场上机构与个体投资者资金
贷款与预存存款关系	没有关系	挂钩；贷款额度与预存存款额度直接相关	有挂钩，也有不挂钩	没有关系
贷款发放对象	居民；银行和专业房贷机构；公共住房开发	参加居民	参加居民，普通居民	普通居民
贷款利率	低息	与市场利率挂钩，但较低	低存低贷且稳定	市场化；固定或浮动利率
优点	成本较低	强制规模化集资，贷款资金来源稳定，较充足	贷款资金来源稳定，较充足，成本较低	如果运作好，贷款资金来源非常充足，成本低廉
缺点	贷款资金来源不稳定，不充足，融资成本较高	贷款分配机制不尽合理；实际机会成本不低；闲置率较高；投资单一，风险较高	有可能发生资金来源危机，融资成本不稳定	信用风险容易失控；成本可能较高；中低收入者可能难以进入

续表

分类	公共住房银行模式	强制住房储蓄模式	合同住房储蓄模式	商业资本市场模式
政府作用力度	强/中	强	中	弱
政府作用体现	发起资本提供者、管理者	强制储蓄，雇主配比，储蓄利息免税	储蓄配比奖励、储蓄利息收入免税等	政府对住房贷款的损失/收益的担保与保险
运行特征	封闭为主	封闭为主	封闭式	开放式
发展趋势	增加对资本市场的利用	增加对资本市场的利用	打破封闭运行	多样化和全球化

资料来源：陈杰　城市居民住房解决方案——理论与国际经验　上海财经大学出版社　2009

12.2　世界各国(地区)房贷(MD)占 GDP 的比例

国　家	房贷 MD/GDP(%)	
	平均值	最高值
发达国家(地区)		54.8
北美		67.7
加拿大	42.9	43.0
美国	67.4	69.4
太平洋地区		40.2
澳大利亚	61.9	71.0
日本	35.7	36.4
新西兰	78.2	78.2
新加坡	60.2	61.3
欧洲		48.3
奥地利	26.1	26.1
比利时	27.7	28.3
丹麦	79.0	87.9
芬兰	32.4	35.7
法国	24.1	29.0
德国	47.4	54.0
希腊	14.8	17.6

续表

国　家	房贷 MD/GDP(%)	
	平均值	最高值
爱尔兰	45.4	59.2
意大利	13.1	15.0
卢森堡	32.3	33.5
荷兰	82.7	100.0
挪威	45.0	45.0
葡萄牙	48.9	50.7
西班牙	36.3	40.2
瑞典	50.2	50.3
瑞士	130.0	130.0
英国	61.5	64.0
其他国家(地区)		10.2
非洲		15.7
阿尔及利亚	1.3	1.5
加纳	0.5	0.5
摩洛哥	7.0	7.0
南非	22.0	26.1
突尼斯	6.0	6.0
东欧		3.9
保加利亚	4.7	4.7
克罗地亚	10.0	10.0
捷克	4.6	5.5
爱沙尼亚	22.0	22.0
匈牙利	8.6	11.0
拉脱维亚	12.1	14.0
波兰	4.4	5.2
罗马尼亚	1.8	1.8
俄罗斯	0.5	0.6
斯洛伐克	4.9	5.9
斯洛文尼亚	3.5	3.5
亚太地区		14.3
孟加拉	2.5	2.5
中国	10.0	12.0

续表

国 家	房贷 MD/GDP(%)	
	平均值	最高值
印度	4.9	5.8
印度尼西亚	2.1	2.1
韩国	20.8	25.0
马来西亚	28.3	31.5
巴基斯坦	0.7	0.7
菲律宾	6.8	12.0
泰国	15.5	16.0
拉丁美洲		6.8
阿根廷	1.7	1.7
玻利维亚	9.5	9.5
巴西	2.6	5.0
智利	14.8	16.0
哥伦比亚	10.0	12.0
墨西哥	9.8	11.0
秘鲁	2.2	2.5
委内瑞拉	0.7	0.7
中东		5.6
伊朗	2.8	3.0
以色列	22.0	22.0
沙特阿拉伯	1.0	1.0
土耳其	2.5	2.5

注：表中列出了主要国家(地区)2001～2005年间(但不是所有国家＜地区＞都有历年数据)房贷占国内生产总值的比例。

资料来源：Warnock & Warnock (2007)
Markets and Housing Finance
NBER No. 13081 May 2007

12.3 国外一、二级市场联动的市场化住房抵押贷款模式

住房抵押贷款模式	住宅抵押贷款模式是以住宅抵押为基础，各种住宅信用方式交织成网络、受政府有效的间接调控、以私有金融机构为主体的住宅消费融资模式。

续表

主要特点	(1) 住宅抵押贷款市场由相互衔接的一级市场和二级市场构成，一级市场和二级市场相互促进。一级市场的参与者，在借款一方是居民；贷款一方是金融机构。二级市场是金融机构对住宅抵押贷款进行担保和发行抵押支持证券的市场。住宅抵押贷款在二级市场证券化，能够有效地控制金融风险； (2) 私人信用占住宅抵押贷款市场的主导地位。住宅信用活动基本上是由各种私人金融机构按市场原则自主地组织经营。获得贷款的条件是以所购房产作抵押。住宅信用的风险均由私人金融机构承担，贷款的利率完全由市场决定。 (3) 政府对住宅抵押贷款市场进行全面的间接调控。这种调控主要集中在二级市场，采取的干预形式有三种：一是立法。如美国在30年代起就对住宅市场进行干预，制定了联邦住宅法，1980年的《存款金融机构放松管制和货币控制法》、1980年的《银行法》、1984年的《二级抵押市场增补法案》等。二是建立以政府为主体或政府为最终支持者的抵押贷款机构，为规范整个融资活动设立了担保体系。如20世纪70年代，美国先后建立了联邦国民抵押贷款协会，政府国民抵押贷款协会与联邦住宅抵押贷款公司等三家政府信用公司通过购买金融机构的抵押贷款，为抵押贷款的流动性提供担保。三是通过资本市场控制资产负债的期限匹配风险，住宅抵押贷款金融机构发行住宅抵押贷款债券，债券的利率约低于住宅抵押贷款利率，期限通常与抵押贷款的期限相同，债券和贷款的利率与资本市场利率挂钩，可以较好的控制资产负债期限匹配问题。四是税收优惠。如美国国会通过的"税收改革法案"，增加了住宅抵押投资渠道条款，为各种住宅抵押贷款证券提供了一个合理的税收结构体系，使证券的发行者免于纳税，并实行购房者核减税收的优惠制度；对使用抵押贷款购买社会住宅的中等收入者，按照每月归还贷款的数额，核减一定比例的税款，并免缴财产增值税，以鼓励私人购房。
运行的支撑条件	(1) 必须有发育良好的资本市场，能为抵押贷款债券提供充足的市场空间容量，解决抵押贷款的资金来源问题。 (2) 住宅抵押贷款工具要标准化，包括贷款的期限、利率、首付款、偿还条件、偿还方式、转售条件等，抵押贷款债券化才可操作实施。 (3) 要有足够数量的机构投资者。当前该模式在二级市场的市场化程度、交易工具的种类上都有了进一步发展。现在这种模式在发展中国家也成为一种趋势。

资料来源：廖湘岳等　国外住宅消费融资的经验比较与启示　当代经济管理　2008 Vol. 30 No7

12.4 国外住房保障体系中财税政策与措施

国家	财税政策与措施
美国	1. 购房减免课税政策。美国住房减免税主要是面向中低收入阶层自购住房贷款的减免税。对其购买自有住房实行税收减免，免征贷款利息税、所得税，减征财产税；对使用抵押贷款购买公共住房的中等收入者，按照每月归还贷款的数额，核减一定比例的税款，并免征财产增值税，以鼓励私人购房。住房投资人为使用贷款而支付的利息从其年收入中扣除，从而冲减纳税基数，相应减轻纳税负担。 2. 租金补贴政策。家庭收入为所在地区中等收入家庭年收入的80%以下者，都可以申请住房补助。补助有两种方式：一是直接向低收入家庭提供低租金的公共住房，一般低于市场价20%～50%，这种补贴主要提供给家庭收入占美国家庭平均收入37%、并申请居住公共住房的最低收入家庭；二是发放住房券，获得住房券的补助家庭必须拿出其总收入的25%支付房租，租金超过部分可以由住房券来补充，接受补贴租户每5年接受重新审查，最长补贴期为20年。 3. 政府投资兴建公共住房。美国解决公共住房的一个基本思路是，根据中低收入者占居民总数的比重，每年保证建设一定比例的公共住房，经过若干年的积累，解决了数量问题后，再转向提高住房水平，公共住房主要由财政投资建造。

续表

国家	财税政策与措施
日本	1. 政府以低税和免税优惠促进私人住宅的兴建与购置。《住宅取得促进税制》中规定，利用住宅贷款自购、自建住宅的居民，在5年内可以从每年的所得税中扣除当年年底的住宅贷款剩余额的1%。另外，对财产登记税、不动产所得税、城市建设税实行了减免，并且规定，住房资金中的赠款部分可以免缴赠与税。这些税收规定在刺激住房建设、鼓励个人拥有住房方面发挥了重要作用。 2. 以低息贷款促进企业从事民间住房建设，依靠政府建立的住房金融公库影响和支持住房建设。公库作为政府向居民自建或购买住房提供长期、稳定、低息贷款的机构，利息比市场低1%～2%。 3. 发挥地方群众团体的作用，吸收社会资金发展住宅建设。日本政府还与地方公共团体共同成立住宅供给公社，分别建造面向中等收入者出售和面向低收入者出租的住房。其租金水平严格按收入线确定，一般占各收入层家庭收入的18%～20%，平均为市场租金的55%。
新加坡	1. 实行住房公积金制度。允许动用公积金存款的一部分作为购房的首期付款，不足部分由每月交纳的公积金分期支付。 2. 分级提供公有住宅补贴。严格按家庭收入情况来确定享受住房保障的水平，住房短缺时期只有月收入不超过800新元的家庭才有资格租住公有住宅。购买一室一套的公有住宅，政府补贴1/3；购买三室一套的公有住宅，政府只补贴5%；购买四室以上一套的公有住宅，不仅无补贴，而且按成本价加5%上缴政府。直接补贴的货币形式每年在财政预算中安排。新加坡公共租屋的租金一般占住户家庭收入的4%～15%。 3. 减让土地费用。建屋发展局是新加坡最大的住房供应者，政府通过减让土地费用的方式向建屋发展局进行间接补贴。
韩国	韩国近年来房地产价格上涨很快，为此政府推出了“住房市场稳定综合对策”，在一户一宅的基础上，对在投机地区拥有3套或以上住房的房主，征收60%的资产增值税，再加上居民税等，政府取得的税率高达75%。此外，还推出一些优惠政策，如对房地产开发企业出租的商品住房(包括房地产投资购买的商品住房)，其开发期间申请的贷款(出租住房部分)可转为流动资金贷款，适当延长贷款年限，以加大对从事租赁业务的房地产企业的金融支持力度。鼓励具有一定条件的企业或社会组织利用自有房屋，按规定向中低收入家庭出租，减免出租单位的营业税、企业所得税、房产税。为了尽量减少低收入阶层购买住宅所面临的经济负担，韩国还对建设和购买小型住宅、租赁住房者给予相当大的税收优惠，即对在流通和保有住房环节上产生的取得税、登录税和转让所得税给予免税或减税的优惠。

资料来源：席卫群　国外住房保障体系中财税政策的借鉴及启示　2009.11

http：//www.mof.gov.cn/mof/zhengwuxinxi/diaochayanjiu/200809/t20080909_72440.html

12.5　住房公积金、储蓄与基金制度

国家	住房公积金、储蓄与基金制度
新加坡	**中央公积金制度**。1955年新加坡建立中央公积金制度的初衷是以养老为主，1968年后进入住房领域。在微观上，公积金会员不仅可以用公积金养老，而且可以用来购买廉价住房，进行医疗保险，甚至可以进行教育投资和证券股票投资，使会员得到很多实惠；在宏观上，增强了社会保障能力，并可以利用这笔资金进行宏观经济调控，有利于社会、经济和政治的稳定。

续表

国家	住房公积金、储蓄与基金制度
新加坡	为使养老保障资金保值增值，新加坡中央公积金对存款利率实行高利率政策，且与市场利率挂钩，本息都不缴税。新加坡的公积金利率是根据新加坡四大银行的平均存款利率来确定的，利率水平基本上在6.5%的水平上下波动。由于新加坡的通货膨胀率较低，公积金利率平均高于通货膨胀率2%左右，所以中央公积金一般不会贬值。 新加坡中央公积金局的资金除了保证正常支取公积金外，大部分资金存入政府投资局，政府投资局通过发行债券筹措的资金作为“国家发展基金”贷放给政府机构和企业，建屋发展局是最主要的贷款对象，贷款利率高于国债两个百分点。值得注意的是，政府建屋发展局从中央投资局获得的资金仅比公积金的存款利率高0.1个百分点，这意味着政府从中给以大量贴息。因此，新加坡的公积金既是购房信贷的主要来源，也是建屋发展局住房建设投资的主要来源。
德国	**德国合同住房储蓄制度**。合同住房储蓄制度的基本运作模式是：任何居民按照合同规定，连续几年(一般需要4～6年)存入一定数额的定期储蓄存款，存足一定金额时(大约40%的未来贷款额)，即可成为住房储蓄银行的“社员”，并取得从住房储蓄银行获得住房贷款的权利。住房储蓄银行贷款利率由法律规定，低于市场利率，贷款期一般为10～15年。法律同时规定，此类金融活动的存款利率和贷款利率必须保持固定的利差，一般为2.5个百分点的利差。当贷款需求超过信贷资金来源时，则按存款时间先后顺序或按存款额度多少规定的顺序分配贷款，先存多存早贷。目前，德国的住房储蓄存款利率是1.5%，贷款利率是4.0%。住房储蓄银行只经营住房储蓄贷款一项业务。与一般商业银行住房贷款不同，住房储蓄银行的资金是封闭运作的，它只向住房储蓄客户吸存，也只向自己的住房储户放贷，此外不进行任何其他投资，储户的存货差是它惟一的利润来源
巴西	**巴西失业与保障公积金和住房储蓄制度**。巴西失业与保障公积金(FGTS)于1966年建立，保障公积金是一种负有失业保险与住房保障功能的社会保障综合资金。根据法律，正式员工每月薪水的8%要存入FGTS的私人账户，年利率是3%加通胀，个人存款账户可以用来支取失业、养老和医疗，参加工作5年后可用于购房。FGTS的资金由巴西国家住房银行进行管理，主要资金也是通过巴西国家住房银行提供住房信贷。2003～2004年，FGTS65%的贷款提供给家庭月收入低于1125美元的中低收入家庭。 巴西的住房储蓄制度(SBPE)于1967年成立，SBPE意味着存款免税，同时所有参加的银行要强制进行住房贷款，巴西各银行至少有65%的存款要用于住房信贷或者购买住房贷款证券MBS。2006年上半年，SBPE的存款超过41.43亿巴西克鲁赛罗(约合20亿美元)，同比增长了104%。 巴西国家住房银行：1964年成立，是巴西政府住房计划的融资主体和主管机构，也是独立的政策性住房金融机构。巴西国家住房银行的资金来源以“失业与保障公积金”转化而来的长期服务保证金为主，其资金80%用于长期住房贷款。巴西国家住房银行还对储蓄银行和住房信贷公司等其他住房金融机构进行指导，规定他们的存贷款利率和贷款额度，还提供流动性担保，相当于整个巴西住房金融体系的“中央银行”。 巴西国家住房银行只对中低收入家庭发放贷款，但是通过商业银行，如“大众住房公司”等中间机构发放，不直接向家庭提供贷款；对低收入家庭实行优惠利率，利率优惠程度因收入高低而有差别，收入越高，优惠程度越小
韩国	**韩国国民住房基金**(NHF)。早期主要用于支援公共住房建设包括公售房和公共租赁房，现在主要是资助中低收入家庭住房需求的政策性贷款与补贴，但对居民的贷款额度与房屋价格的比值(LTV)一般不超过40%。由于近年住房需求的增长，国民住房基金(NHF)的贷款总额从2004年的8.6亿美元增加到2006年的21亿美元，翻了一倍多。 国民住房基金(NHF)侧重为低收入者和第一次购房者提供优惠购房贷款。购买面积小于60平方米公售房的，还可以免除住房交易税、转让税和所得税。 亚洲有很多类似机构采用了韩国国民住房基金(NHF)这种运行模式，如印度于1988年建立的国家住房银行、泰国的政府住房银行等

资料来源：陈杰　五国住房公积金制度的比较　中国中小企业 2009 No.8

12.6 日本 1998～2008 年住房贷款余额的变化

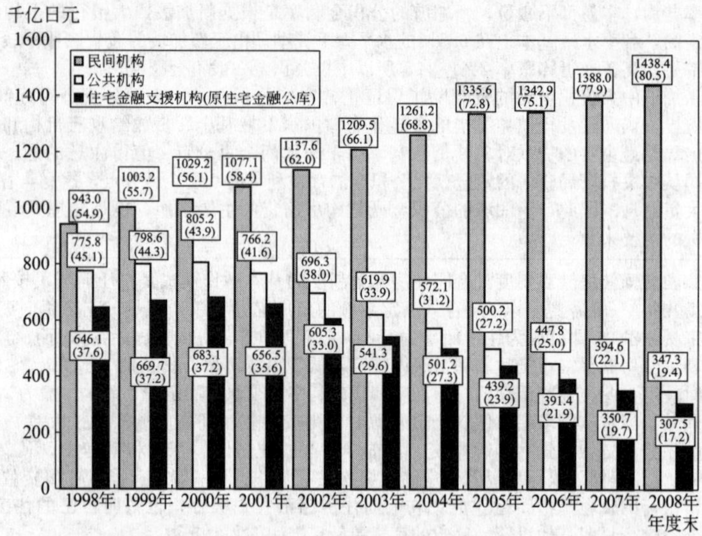

注：(　)中数字为百分比。

资料来源：日本　住宅经济数据集　2009

12.7 日本 1998～2008 年住房贷款新贷款额的变化

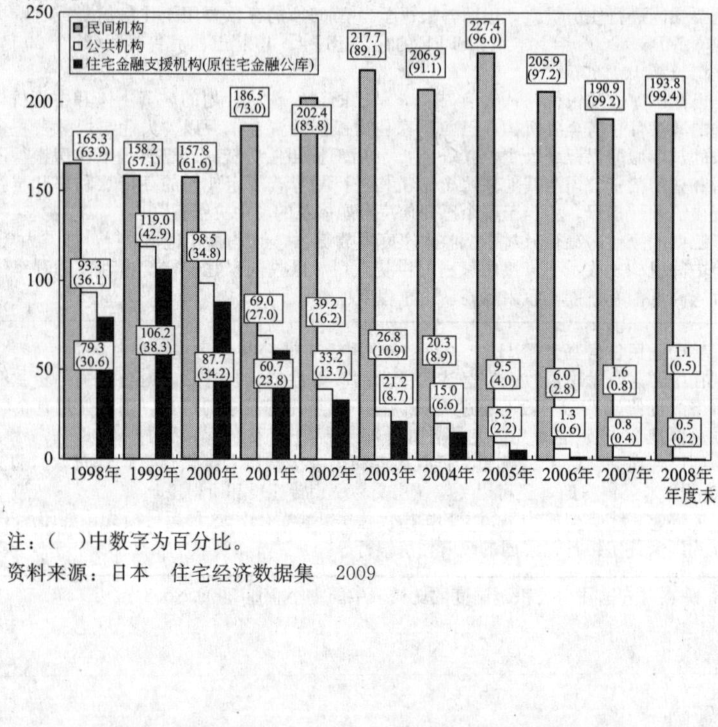

注：(　)中数字为百分比。

资料来源：日本　住宅经济数据集　2009

13 老年人住宅

13.1 各国人口老龄化率(65 岁以上人口/总人口)的发展与预测

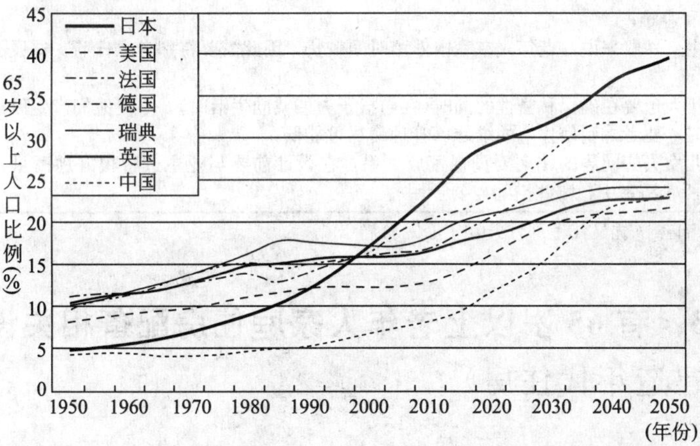

国别	1995 年	2005 年	2015 年	高龄化率 7%～14%的年数
日本	14.5%	20.1%	26.9%	24 年(1970～1994 年)
美国	12.5%	12.4%	14.3%	73 年(1942～2015 年)
法国	15.4%	16.5%	19.1%	115 年(1864～1979 年)
德国	15.4%	18.9%	21.3%	40 年(1932～1972 年)
瑞典	17.5%	17.2%	20.1%	85 年(1887～1972 年)
英国	15.9%	16.1%	17.9%	46 年(1929～1975 年)
中国	6.0%	7.6%	9.4%	25 年(2001～2026 年)

资料来源：日本 住宅经济数据集 2009

13.2 对老年人住宅的基本要求

住宅设计的基本观点

(1) 要了解老年人的生活目标，在住宅设计时要使老年人能够实现这些目标；

(2) 要了解老年人的日常生活(生活习惯，动作和所需时间等)，为在住宅各类空间设计时作为参考；

(3) 掌握老年人的身体功能(步行、需轮椅等移动功能；视功能；对于生活不能自理的老年人，设计时需辅助空间)；

(4) 要了解家族关系(老年人的家庭构成有：三代同居、老年人夫妇或与未婚的儿女同居、老人单身)；

(5) 要了解经济状况(无论新建还是改建，都需要预先了解费用负担人的经济能力)

设计中需要考虑的几个共性问题

(1) 住宅的功能要好。对于使用轮椅的老年人住宅来说，需要确保轮椅的通行宽度和转向空间；排除地板的高低差；家具、器具、设备需要设置在便于操作的位置；

(2) 确保安全。地面要采用防滑材料；排除高低差；根据需要设置扶手；在色彩、照明上要能够唤起注意力；在使用家具、器具、设备时，即使操作错误也能够保证安全；在地震、火灾等紧急情况时，能够保证安全和避难；

(3) 保持卫生。一般来说，老年人在室内停留时间较长，因此需要特别考虑日照、通风、采光、换气等因素；

(4) 对于老年人也要在确保私密性的同时(在与孩子夫妇共同生活时)，不使他们产生孤独感；

(5) 在设计时，要考虑到使住宅的维修、管理费尽可能低；

(6) 对于与儿女夫妇同居的住宅要重视家族关系，在设计前要与业主进行很好地商量，大门、起居室、厨房、厕所、浴室中，哪些空间需要专用。

资料来源：日本《优良住宅部件开发中心》资料

13.3 有65岁以上老年人家庭住房配备相关设备的比例(不同建造年代住房)

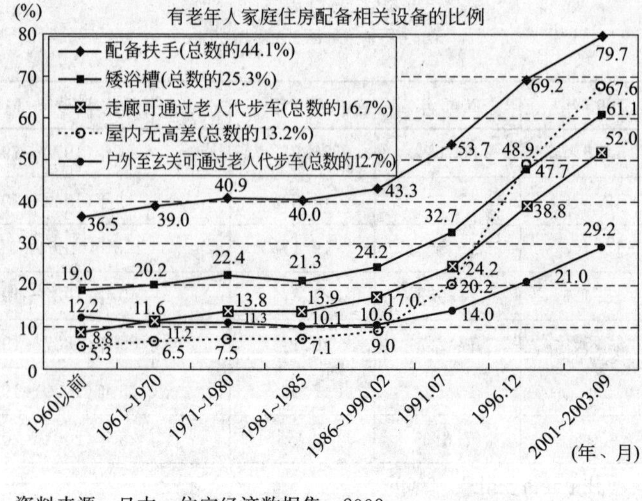

资料来源：日本　住宅经济数据集　2009